LA BEAUTÉ DU MÉTIS

Réflexions d'un francophobe

Du même auteur

Le désir homosexuel, J.-P. Delarge, 1972.
L'Après-Mai des faunes, Grasset, 1974.
Co-Ire, Album systématique de l'enfance, avec René Sche-
    rer, Recherches, 1976.
Fin de section, nouvelles, Christian Bourgois, 1976.
Comment nous appelez-vous déjà ?, en collaboration avec
    Jean-Louis Bory, Calmann-Lévy, 1977.
La dérive homosexuelle, J.-P. Delarge, 1977.
Race d'Ep. !, Albin Michel, 1979.
Le gai voyage, Albin Michel, 1980.
L'amour en relief, Albin Michel, 1982.
Les Français de la honte, Albin Michel, 1983.
Les petits garçons, Albin Michel, 1983.
La colère de l'agneau, Albin Michel, 1985.
*Lettre ouverte à ceux qui sont passés du col Mao au
    Rotary*, Albin Michel, 1986.
L'âme atomique, Albin Michel, 1986.
Ève, Albin Michel, 1987.
Les voyages et aventures extraordinaires du frère Angelo,
    Albin Michel, 1988.

Guy Hocquenghem

LA BEAUTÉ DU MÉTIS

MÉTIS

Réflexions d'un francophobe

Éditions Ramsay
9, rue du Cherche-Midi
75006 Paris

Photo de couverture : CORDIER, Buste de Nègre, Musée du Luxembourg (Roger-Viollet).

© Éditions Ramsay 1979

ISBN 2-85956-086-6

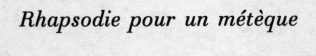

Rhapsodie pour un métèque

Nous n'aurons jamais 'la poignante beauté des métis.

Nous, Français, sommes nés aveugles dans le monde clos d'un pays sans rencontres, sans métissages. Notre blancheur, notre fadeur, notre maladresse de naissance sont l'œuvre de l'Histoire : nous sommes loin du cœur, loin de la couleur, loin de la musique, parce que cinq siècles d'entraînement à la froideur nous ont murés en nous-mêmes. Nous ne nous métissons pas, ne nous entremêlons pas à d'autres peuples. Notre histoire est droite, comme un piquet ou un tuteur, quand celle des autres peuples sinue, lascive, s'accrochant à des continents, poussant des rejetons émigrés.

Aveugle et sourd, je tâtonne dans un monde que je découvre bien plus vaste qu'on ne me l'avait fait croire. Je vais instinctivement vers le chaud, moi qui ne sais pas comment se vit le feu des passions. Je cherche les contacts, alors que la distance française ne m'a appris qu'à craindre les courts-circuits. Faute de devenir étranger, je m'essaie à devenir étranger à moi-même. Je m'éloigne de moi tel que l'on m'a fait, statue de sel, dieu terme, borne de la francité. Je me coule hors de soi, hors du français, je m'écoule vers l'autre rive, vers les paysages enchanteurs d'un étranger intérieur.

Métis, doublement étranger, prince de l'énigmatique, ou étranger, dont la simple présence métisse le silence autour de moi, ces mots qui vous désignent poursuivent en vain l'ombre de l'envol d'une chose inconnue, d'une émotion non française. Je voudrais que ce livre soit chant d'amour aux métèques. Ceux auxquels il s'adresse, avant tous, ce sont mes amis étrangers que j'espère bien faire rire, et venger un peu.

Passion de l'étranger

Pourquoi la plupart de mes amis, de mes amants, sont-ils étrangers ? Pourquoi n'est-ce qu'avec eux que je me sente enfin arraché au plat, au prosaïque, au médiocre ? Enfant, j'appelais de mes vœux le ravisseur étranger qui m'emporterait dans ses bras, princesse raptée ; adulte, ou déclaré tel, je ne conçois d'amour que cosmopolite. Même pour une nuit, rare est le Français qui ne me glace pas, qui ne me donne l'impression de jouer à deux une comédie sans saveur. L'amour ne me parle qu'en d'autres langues, il me fait toujours signe de l'au-delà des rives connues, des références faciles.

Oui, j'ai eu plus d'amants, plus d'amis, à l'étranger, de l'étranger, que je n'en aurai jamais parmi mes compatriotes. Peut-être même ne suis-je « homosexuel », comme on dit vilainement, que comme une manière d'être à l'étranger, je veux dire une manière de lui appartenir et d'être chez lui. Peut-être ai-je voulu l'étranger avant l'amant, et ai-je au moins trouvé là un langage qui déborde un peu la francité.

Étranger, bel et vivace étranger, comment font-ils pour ne pas t'aimer ? Toi seul nous interromps dans notre maniaque monologue, nous interpelles, nous souris sans comprendre — et ce sourire brise en moi la certitude d'être homogène. Tu nous autorises aux plus subtils des quiproquos sentimentaux, et tu les rends indécidables. Tu nous fêles, comme on dit d'un cristal sous l'effet d'une note trop aiguë. Tu rends sensible l'invisible de l'au-delà du communicable, tu donnes aux fantômes de l'amour la palpitation d'une présence ambiguë. Tu m'adresses la parole, et les continents tourbillonnent pour notre seul plaisir. Tu es le hasard de mes jours et le compagnon de mes nuits. Étranger, tu dépasses toujours le cercle étroit où ton nom français t'enferme. De n'être pas d'ici, de n'être pas ailleurs donne à ta façon d'être là une modulation particulière. Être là, quand c'est toi, cela veut dire être autrement. Tu es la première expérience de l'autre, et le premier amour.

Étranger, le mot est maladroit : je veux dire simplement ta façon d'être parmi les non-étrangers, qui creuse dans un monde isomorphe un vertige incomblé. Tu es le pôle qui aimante les fuites, tu es l'autre signification possible enfin faite chair. Quand tu passes, rien pour moi n'est plus simple, tout devient émotion. Un geste, une façon de boire, de t'asseoir, et tu fais surgir dans le camaïeu national une traînée de couleur, la figure de l'errant parmi les immobiles. Tu nous fais parfois côtoyer l'impossible : se comprendre sans se comprendre.

Avec toi, il n'est d'affinités qu'électives : on ne choisit pas ses compatriotes, mais on choisit ses amis.

D'ailleurs, si je m'adresse à toi, c'est aussi parce

que tu ne me comprends pas ; de cet étranger dont je parle, et qui n'existe peut-être que pour moi, je n'attends nulle réciprocité. Tu es le dernier dieu vivant en des milliards d'avatars, tu es l'intraduisible promesse de bonheur d'un *melting-pot* universel. Quand je suis avec toi, c'est toi qui me guides, toi seul qui sais où nous allons. Je n'ai pas besoin de te croire ni de te l'entendre dire : ce que j'aime en toi, c'est que tu m'arraches à moi, tu m'es différent. J'ai seulement besoin de te sentir là, source de vie dans mon désert hexagonal. Étranger, c'est avec toi que se font les plus beaux enfants : d'où la fureur des racistes, et le puritanisme des antiracistes. Étranger, tu es une évidence incontournable qui blesse, puisque tu as, toi, déjà passé cette transmutation qui forme constitutionnellement, pour un Français, la limite impossible : celle qui t'a transformé en autre chose que ce qu'on t'a appris à être, celle qui te met à découvert, tirant ta force de ta seule faiblesse, exposé au jugement d'un code que tu ne maîtrises pas, confiant en ton seul charme. Étranger, pour nous, Français, tu n'es pas qu'un national d'ailleurs : tu nous contrains à penser le mixte, puisque tu n'es pas ailleurs. Pour le peuple le moins voyageur de la terre, tu es toujours métis, demi-mesure entre l'ailleurs et le chez-soi. Mais vivre, pour toi, ce n'est pas « être chez soi » : tu es un autre art de vivre, et non simplement une autre culture, puisque tu confrontes deux cultures. Métis, émigré, mêlant en toi les forces inépuisables de multiples identités, tu disperses l'être-là en signes contradictoires. Comme au théâtre japonais, où le geste et la voix sont scindés, ta voix est ici, mais son écho est là-bas, chez toi, dans ta langue ; mais tu n'es observable comme effet total qu'à très haute altitude. Tu es dédoublé, détriplé. Et je veux que tu restes là pour l'entendre, le toucher, cet ailleurs que la francité a exterminé en nous.

Étranger, tu nous apprends une chose essentielle : qu'en amour, plus grande est la différence, plus le plaisir s'accroît. Tu es toi-même parfois le fils des amants d'étrangers. Les héros antiques étaient fils d'une mortelle et d'un dieu : métis, tu es le héros du roman des peuples modernes. Étranger, tu formes déjà par ta seule existence l'adultère de deux civilisations. Tu nous donnes à sentir que le plaisir est l'éloignement de soi-même, le moment où l'autre se fait soi. Métis, tu es l'enthousiasme des peuples qui s'incarnent en toi.

Nationalité : immigré

Un soir, j'étais dans un foyer d'immigrés de la banlieue nord de Paris, et je leur ai demandé : « Si, par impossible, on vous accordait tout ce à quoi vous avez droit, tout ce que vous avez acquis par l'esclavage de votre jeunesse et l'épuisement de votre âge mûr, retourneriez-vous en Afrique ? Ou bien préféreriez-vous rester ici en obtenant enfin l'égalité des droits, la nationalité française ? » Ce sont pourtant là les termes les plus favorables d'un choix tout naturel à l'esprit français : un ministre, d'ailleurs, vient de proposer à des conditions infiniment moins généreuses, il est vrai, ce dilemme aux étrangers établis en ce pays[1]. Assimilation ou retour : ni l'un ni l'autre, répondaient ces immigrés. Nous voulons res-

---

1. Lionel Stoleru, « ministre » des immigrés.

ter ici en étrangers. Notre nationalité, aujourd'hui,
c'est immigré. Nous ne renoncerons pas à celle que les
combats contre le colonialisme français nous ont
acquise, mais nous sommes ici, maintenant. Pourquoi
toujours nous considérer comme des êtres provisoires,
en sursis ? Pourquoi ce pays, seul au monde, ne veut-il
admettre qu'en son territoire vivent et prospèrent des
minorités étrangères, en tant que telles ?

La francité a horreur du mixte : les nationalités accu-
mulées s'annihilent pour former un nouvel être, et c'est
de ce mutant-là que la francité a tout particulièrement
peur.

A qui parle d'étranger, ici, il sera vite répondu qu'il
aille s'y faire voir. Et à qui est étranger, de s'en
retourner. Nous y reviendrons : l'étranger, en français, ne s'énonce bien que de loin. Et la force de
l'étranger, c'est d'être trop proche pour qu'on puisse
s'en défaire en l'assignant à son pays d'origine : c'est
notre code qu'il interroge, puisqu'il est là. Avant
d'être le citoyen d'une autre nationalité, il est la
preuve vivante que les nationalités sont faillibles.
L'accepter en tant que tel, se donner à lui, se laisser
envahir par lui, c'est faire œuvre de métissage, c'est
retrouver les chemins perdus de l'en deçà et de l'au-
delà du langage, s'incorporer la différence.

Se faire l'étranger, se faire étranger : il y a en
l'étranger une superbe abondance. Il est celui qui
implose en nous, celui qui déplace les lignes de notre
civilisation. Mais c'est aussi le lieu où nous explo-
sons, celui où nous éclatons, tiraillés entre des signifi-
cations divergentes, l'autre lieu où je me fais moi-
même étranger. Non pas « français ailleurs », mais
étranger à l'étranger : moment où s'efface le distin-
guo de l'objectif et du subjectif. D'être à l'étranger
transforme notre nationalité : les Arabes et les Noirs

que j'ai rencontrés dans ce foyer provenaient de dix-
neuf pays différents ; l'étranger, c'est cette chance
magnifique, même si elle est vécue dans la misère,
d'être « avec » l'ailleurs, d'être non pas soi-même ailleurs mais un autre ailleurs. Ce foyer était peut-être
un creuset de notre temps.

Car la force de l'étranger, c'est qu'il ne se situe pas
symétriquement, à équidistance de la frontière nationale. L'étranger n'est pas un national en excursion,
pas plus que le national n'est un étranger à demeure.
A l'étranger, je ne suis pas ce qu'est un étranger ici,
mais autre chose encore, strate nouvelle d'extranéité
à découvrir, cancer de la perte d'identité.

Si la terre était plate

Nous vivons une époque formidable. Dans le plai-
sant chaos universel, où elle est devenue si facile, la
rencontre amoureuse avec l'étranger est la dernière
expérience mystique, généralisée aux peuples entiers.
Dans ce monde, où les totalitarismes rêvent d'instau-
rer le gouvernement universel, où tous les efforts de
la science politique visent aux homogénéisations, elle
manifeste l'irréductible diversité romanesque de la
vie.

Aucun savoir politique ne peut prendre en compte
l'étranger, sinon comme visiteur ou ennemi naturel.
Le sentiment amoureux populaire y voit au contraire
le porteur de romance. La pensée d'État hait l'étranger, écueil où se brisent ses prétentions à un gouvernement parallèle et universel.

Pour l'idéal politique moderne, qu'il s'agisse d'une

coexistence d'États-nations reproduisant chacun la même loi d'assujettissement, ou de l'État-nation mondial enfin réalisé, l'étranger, le « phénomène » étranger, est facteur de hasard, fauteur d'adultère. Quand nul ne sera plus nulle part étranger, quand nul ne pourra émigrer ni immigrer, alors en effet la terre sera plate.

La présence étrangère, dont les Français ont toujours eu peur, est le levain de la poésie, la brèche dans le camp national. Il est de merveilleuses généalogies qui sont de vrais poèmes ; un de mes amants était fils d'une Polonaise et d'un Guinéen. Je me perdais à suivre les lignes entrechoquées d'une beauté convulsive. Être noir et venir de l'Est, être slave et venir d'Afrique. Les plus riches foyers de civilisation sont les plus errants, ou les plus déracinés. La négritude américaine est fille de la plus violente, de la plus inhumaine des transplantations ; et dans ce même New York où se cuisinent les philtres d'amour de notre époque, l'esprit juif a trouvé la forme accomplie de sa modernité.

Pour n'avoir pas su tisser avec d'autres peuples les liens soyeux du métissage, ce pays est resté immobile. Il renvoie l'étranger à une intouchable altérité, ou à une difficile assimilation. Nous verrons que ce n'est pas le monde qui est fait de nationalités homothétiques et incommunicables, mais seulement une certaine vision du monde, produit de l'histoire française.

Tout étranger l'emporte toujours sur nous, quand ce nous est français, comme homme de la différence. Car partout ailleurs, les territoires, les nationalités n'existent que de se frotter à l'inconciliable, et très peu désignent leur limite avec autant d'énergie que la francité. C'est une certaine définition du lieu national qui est en cause, et qu'on essaiera de décrire : celle qui refuse l'incommensurable, qui le décrète incompatible.

Né d'une coïncidence

Oui, le bonheur est fait d'un encastrement d'incommensurables. Ou d'une succession de coïncidences : métis, en grec, cela veut dire la sagesse.

J'aimerais être né d'une coïncidence. L'hostilité farouche qu'on trouvera tout au long de ce livre à l'odeur de la francité est la retombée en moi d'un appel étranger brisé. Alors je pense qu'il est utile de savoir comment mon pays m'a anéanti comme étranger : il faut percer ce mur d'indifférence et de méfiance qu'il a bâti entre l'extranéité et moi. Il faut que ce texte s'encombre de toutes les indignations suscitées quotidiennement par le supplice d'être français.

J'avais pourtant une grand-mère juive, et je pouvais toujours broder sur l'autre, native d'une province qui fut longtemps espagnole. Tout cela, hélas, n'empêcha pas que je devinsse français, tellement français. Je constate sur moi-même la redoutable efficacité de la machine à faire du français ; mes parents se sont retrouvés bien français par le détour de cette assimilation moderne que la francité a si bien su utiliser : le fonctionnariat, élément essentiel de l'univers français. Ce fonctionnariat, il y a un demi-siècle, passait encore aux yeux d'un Paul Bourget pour une redoutable menace contre le nationalisme de terroir, puisqu'il supposait mobilité et détachement. J'ai pu constater moi-même comment une génération de

fonctionnariat francise : ce pays-ci ne me laisse pas
d'autre choix que d'y être depuis toujours ou d'en
partir.

Ne confondons pas : ce n'est pas simplement de la
structuration du monde en nations dont nous subissons ainsi les conséquences. Ce nationalisme-ci est
inaugurateur, il ne ressemble à nul autre, ne fonctionne pas comme eux. Je dis qu'il y a dans la francité
plus qu'une coercition nationale parmi les autres ;
elle édifie le modèle le plus réussi pour empêcher les
audaces de l'esprit et les aventures du corps. Elle pro-
cède d'une exclusion fondamentale, qui n'a son équi-
valent dans aucune autre civilisation : l'exclusion
irréversible de cet étranger que j'aime.

Racornissement dans le même, moisissure de l'esprit, puissante partout où l'inspiration et le souffle
font défaut, la civilisation à la française est d'abord
refus, distance et ordre. L'État, la nation et la culture
ont marché ici du même pas, écrasant, refoulant
toutes les potentialités du divers historique.

Les détritus du chauvinisme

Puisque nous allons parler de la patrie des Guillo-
tin, commençons donc par une décapitation. Je
n'écrirai la france qu'avec une minuscule.
Supprimons-lui l'escorte du coup de chapeau majus-
culaire : parlons-en froidement, comme d'un système,
le système france, non comme d'une mère, d'une reine
ou d'un amour déçu.

Le peuple ancêtre, la monnaie nationale, la véridi-
cité se désignent ici du même mot, franc comme l'or.

La mémoire, l'argent, la vérité ont nom france à l'intérieur du système le plus totalement national qui soit au monde. Parce que c'était mon pays, parce que c'était elle, je n'ai jamais beaucoup aimé la france. Mais j'ai commencé à la haïr tenacement quand j'ai mieux compris ce que c'était d'être français. La haïr non seulement parce qu'elle m'est imposée, mais aussi pour ce qu'elle m'a imposé, pour ce qu'elle m'a obligé à sentir et à être.

Quand j'étais petit, je croyais qu'on pouvait se déclarer apatride. Je songeais à me présenter à la mairie, et à rendre ma nationalité comme on rend un vêtement emprunté et malcommode. De folles rages puériles me sont venues à entendre que c'était impossible, impossible de n'être pas français.

On ne pouvait choisir sa nationalité : il n'y avait à cela aucun recours. J'appris les larmes aux yeux qu'il n'y avait pas de justice supérieure pour réparer ce déni flagrant au libre arbitre. Cet état de fait commandait tout droit. On pouvait à la rigueur fuguer ses parents, pas sa nationalité. Tout au plus pouvait-on, beaucoup plus tard, essayer d'en changer, mais pour un Français, un tel projet touchait à la démence.

Enfants, nous avons vite su qu'être Français, ce n'était pas seulement subir ce premier coup de force par où la france s'appropriait nos personnes. J'ai cru découvrir peu à peu ce que la france déposait en moi, limon national, détritus accumulés sur la plage chauvine ; mais sans doute n'ai-je fait que reconstruire les coups d'une partie jouée à l'avance. Pas le choix : quand j'ai compris l'ampleur de la mutilation que mon assujettissement national m'avait fait subir, il était déjà trop tard. Forcé d'être français, je ne l'étais pas seulement par la loi civile, mais par une conspiration organisatrice qui ne laisse rien au hasard, qui

ferme toutes les portes avant de perpétrer son infanti-
cide.

Car être français, l'accepter, c'est assassiner en soi
l'enfant. Tous les enfants naissent apatrides, mais
ceux qui voient le jour en france ne sont pas seulement, comme tant d'autres, nationalisés : ils sont
captifs dans un pays où ni l'émigration ni la partition
ne sont des probabilités historiques sérieuses, dans le
pays le plus « fermé » du monde. On peut bien tenter
de les convaincre qu'ils ont fait une bonne affaire,
s'écrier comme Giscard : « Je veux rendre chaque
Français propriétaire de la france. » Il ne s'agit
jamais que d'une société à souscription obligatoire.
Devenez propriétaire de votre lieu de détention, et
vous ne penserez plus à vous en évader. Faire de
chaque enfant né en france le petit propriétaire
angoissé d'une parcelle d'État, voilà un beau pro-
gramme qui donne la note du sentiment national.
Investissez français, vous tremblerez pour la france :
nulle part ailleurs, la captation de tout projet indivi-
duel par la pieuvre de l'État-nation n'est aussi complète. C'est l'inverse que je propose, ici, d'apprendre
à se défaire de la france.

Pas seulement du nationalisme français, le plus
exacerbé du monde, mais de ce qui l'a rendu possible,
de la marque que l'État le plus unifié, le plus centralisé de son temps a scellée en chacun de nous ; se
défaire, au-delà des antagonismes politiques et des
divisions culturelles, de ce résidu noirâtre et inso-
luble, de cette concrétion d'habitudes qu'est l'amer
plaisir d'être, tout de même, Français. Il nous faut
être capables de décliner notre nationalité comme on
décline une invitation ; qu'elle nous devienne extérieure, que nous l'arrachions de notre peau, que nous
parvenions à l'indifférence qui fait les grandes pas-

sions cosmopolites. Il faut refuser d'être français, refuser de vivre à l'ombre de la majuscule étatique.

Vous avez tous ressenti comme moi un malaise devant le non-élucidé de notre rapport à la francité. On nous a trop fait croire qu'à se débattre, on ne peut que resserrer les liens qui nous retiennent français. Nous avons trop vite admis qu'il y avait peut-être, honteusement, dans cette francité, une sauvegarde ultime contre le désordre mondial. Il est temps de montrer ce que cache de frayeurs indignes habilement exploitées cette résignation à la france, à la dépendance dans la sécurité.

Tant qu'on se refuse à analyser ce qui fait marcher en nous la france, l'hexagone, centre du monde connu inscrit dans sa sphère immobile, reste le gyroscope de ce que nous croyons nos pires folies.

Pour dégager ce « fonds commun » france, il me faudra vous y contraindre, m'y contraindre moi-même. Il faudra oublier les camaïeus où se complaisent les discussions littéraires françaises, pour ne retenir que la teinte fondamentale. De la souligner paraîtra souvent grossier, « hors du jeu » : nous avons besoin du choc du poujadisme littéraire pour comprendre à quel point nous sommes français. Quant à moi, je crains moins d'être injuste que complice, et seul un certain sentiment d'étouffement me guide pour reconnaître la marque de la francité.

Haïr, ce beau mot hérissé de trémas, n'est pas plus qu'aimer d'usage facile en français. Mesquiner, ergoter, chicaner, oui, la francité en connaît l'usage. Par prudence, on nous a coupé les ailes en matière de sentiments. « L'élision du tragique », telle est pour reprendre l'expression de Jean-Pierre Peter[1], la

1. Dans le très lucide recueil d'essais réunis par Jean-Paul Aron, *Qu'est-ce que la culture française*, Denoël Gonthier, 1975.

caractéristique culturelle française. Certes, il y a les haines recuites, appliquées et familiales de la littérature nationale, les coups de pied d'enfants terribles coctaliens ou gidesques. Drames confortables, entre soi. D'ailleurs, s'ils haïssent, c'est qu'ils aiment, et vous, si vous insultez la france, c'est pour mieux la caresser. La mithridatisation contre l'émotion par le poison homéopathique du recul, la platitude équilibrante des contraires, les retournements bêtement ingénieux de la vulgaire dialectique nationale, voilà les barreaux de la cage française. Les haines françaises sont des crises de nerfs. J'en souffrirais plutôt comme d'une colique, de la france, ou comme d'une indigestion. Elle s'est transformée en ma chair, m'a empoisonné le sang : je peux en retrouver l'influence, les traces délétères, sur ma propre personne. La france est une maladie endémique aux Français qu'il faut sans cesse combattre.

La misère ou la force de la folie française, c'est de croire qu'il n'existe aucun autre point de vue possible que celui du nombril. Autoproclamé, le pouvoir culturel français se croit à l'abri de toute description. Il est si « naturel », n'est-ce pas ? Le raconter, est-ce possible ? Autant scier la branche sur laquelle on est assis. Comment peut-on voir la france du dehors ? La france est aux Français ce que Dieu est aux musulmans, indescriptible, irreprésentable, puisqu'elle est le fondement de toute représentation, et que l'histoire n'a pas permis que naisse ou subsiste au sein même de la france quelque hétérogénéité critique. Pourtant, le système france est aussi un ensemble concret de constantes désuètes ou odieuses. On pourrait le dire assez facilement : continuité politique, goût des identifications claires et de la certification fonctionnaire. Le pouvoir, l'art et la société y sont inscrits dans un

rapport plus cohérent, dans une totalité plus restrictive que dans aucun État-peuple au monde. De
Louis XIV à De Gaulle, de Malherbe — enfin paru — à
Lacan, de Paris à Paris, l'horizon français est systématiquement borné de murs équilatéraux. Tout y est
centré et assis, au prix d'une fantastique autocen-
sure, d'un refoulement historique primaire. Tristes
caractéristiques : les Allemagnes contradictoires, les
Italies éclatées, l'Angleterre errante sont autant de
contre-exemples. Mais la france, où le nationalisme
ne craint pas la redondance d'être aussi première
qualité nationale, a résolu à sa manière, assez particulière, la contradiction entre le local et le mondial ;
en se plaçant en un foyer central imaginaire et indé-
montrable. Aristotélisme national : la france est au
milieu d'une série de sphères concentriques par-
courues par des planètes aux cycles compliqués. Car
il n'est pas de « mouvement apparent » dans le ciel de
la civilisation mondiale que la francité ne décompose
en épicycles pour le faire tourner autour d'elle-même.
Des esprits cintrés dans un territoire géométrique
élèvent un laborieux échafaudage de reconstructions
pour expliquer que le monde est un spectacle, conçu
pour eux seuls, et dont seuls ils possèdent l'explication finale.

Les règles de l'unité française — ordre politique,
clarté intellectuelle, étatisation de la vie sociale —
assurent un confort de vieillards à cette nation ; la
ségrégation, qui est l'effet le plus sûr de toute initia-
tive française, leur évite les infarctus. Ségrégation
dans l'appareil politique, dans les genres culturels,
dans le vécu social. La france est ségrégationniste
par prudence innée. Elle sait qu'elle ne résisterait pas
à la levée de ses barrières. Les U.S.A., pays officielle-
ment ségrégationniste, ont exalté la culture noire, en

ont fait un des moteurs essentiels de la civilisation moderne. La france a toujours nié toute culture arabe ; même cette Algérie qu'elle prétendait une part d'elle-même ne lui a jamais été l'occasion du moindre apport culturel, de la moindre conjonction de vitalité.

Il n'y a jamais en france de fenêtre vraiment ouverte (on n'est pas pour rien au pays des fausses symétries). Produire de la ségrégation entre âges, races, couches sociales, en produire avec acharnement et en toutes circonstances, tel est le mot d'ordre français. Séparations rigoureuses et pointilleuses, les classifications françaises ne supportent pas le désordre dans les rangs, ni le flou artistique. Jamais découvreur, toujours arpenteur des découvertes d'autrui, le « génie » français n'impose au monde poliment exaspéré qu'une caricature hystérique de civilisation, le masque funèbre d'un idéal sans chair ni vie, pur squelette depuis longtemps desséché, festin de corbeaux.

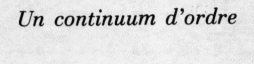

Un continuum d'ordre

La plupart des peuples-nations, il est symptomatique d'avoir à le souligner dès lors qu'on s'adresse à des Français, n'ont pu créer des arts de vivre féconds qu'à la condition de vivre pleinement l'expérience historique de la mixité. Les nations douées de force d'attraction sont des capharnaüms, elles se sont faites par recoupements, par déplacements. Mais la francité, érigeant son propre exemple en loi générale, ne connaît de nationalité que sous la forme d'une sèche affirmation du même, sans autre enracinement que le passé dans l'identité. La nation française, la nation à la française, est un continuum qui va de l'ordre à la société : les empires, les républiques et les royautés n'y sont que les attributs d'une substance invariable. En tant qu'à travers elle s'écoulent les régimes politiques, la france est un continuum d'ordre ; car il y a dans la société française un besoin d'ordre qui ne se dément ni ne s'amenuise jamais. La quantité d'ordre y est constante, invariable sous les déguisements les plus divers. Les récits de l'histoire sont partout des collages, des mixages faits de matériaux hétérogènes. L'originalité française, c'est de penser le remue-ménage universel comme l'abâtardissement d'un unique principe actif, d'un seul archétype, le national, auquel très peu de peuples, un seul même, ont pu parfaitement correspondre. Vue de france, l'histoire universelle bégaie une formule jalousement conservée par le seul peuple français. Partout ailleurs l'incomplétude est manifeste : le *melting-pot* américain, les cent ans d'Allemagne unifiée (d'ailleurs à nouveau divisée par la guerre), la provisoire et fragile unité italienne semblent aux Français les esquisses inachevées d'un système, parfait ici depuis les capétiens. Les Espagnols, les Anglais sont à même de communiquer avec d'immenses nouveaux mondes. Pour les Français, ces océans culturels sont d'incompréhensibles magmas décentrés, des désordres à l'étude desquels l'érudit s'épuiserait inutilement. L'histoire, la vraie, mouvementée comme un feuilleton, traversée d'éclairs, gronde autour de l'îlot france, miraculeusement préservé. Et même les lames du terrorisme moderne semblent se briser sur les falaises de l'hexagone. La france est hors-monde, elle est le lieu du refus du monde.

L'hexagonie : agonie sans fin d'un malade emmitouflé, cloîtré dans sa chambre, qui dicte depuis des siècles son testament culturel. Infection contractée dès l'école, où les six côtés égaux délimitent au milieu du planisphère une tache rose, équidistante des sibéries interminables et des brésils informes. Nourrie des images de la plénitude française, développée en vase clos, protégée de la lumière et des mouvements de l'air par le toit de la frontière nordique et les marches du Midi.

La francité se satisfait de supposer son petit territoire capable de contenir tous les possibles. L'insistance avec laquelle on redit l'infinie variété généreusement prêtée à la france n'a pas d'autre sens : les 365 fromages et l'album des églises romanes, voilà qui vous absout d'ignorer les vastitudes de l'hors-france. Quand une contrée se restreint à un paysage, à un panorama, quand toute la diversité des terres, des plantes, des faunes peut être réduite à une collection de curiosités, de « points de vue » tempérés ou refroidis, le goût français triomphe.

Une nature à l'économie, à petites doses, qui résume le monde pour s'en épargner le contact. La france n'entretient avec l'univers qu'un rapport métaphorique, d'ensemble à ensemble : elle se sent capable de le représenter à elle seule dans son intégralité. Penser son État-nation territorial comme l'infiniment varié, c'est une façon de se passer du monde, d'être à soi seul tout le monde possible. Autour, à côté, court en parallèle une géographie fantôme, rumeur incompréhensible et inutile dont l'essentiel est déjà dégagé de Dunkerque à Marseille. On dit qu'il existe d'autres terres : mais pourquoi y aller voir, puisqu'on a déjà tout à la maison. Même l'histoire des conquêtes coloniales, commune aux peuples européens, n'a rien perturbé dans le système france. Certes, l'exploitation coloniale française fut sanglante, cruelle, comme l'anglaise ou l'espagnole. Mais elle avait en plus toutes les tares caricaturales de l'étroitesse nationale. Strictes dépendances administratives reproduisant jusqu'au ridicule les travers fonctionnaires de la métropole, les colonies françaises, collection d'échantillons arrachés aux continents, n'ont été pour ce pays qu'un ensemble de dessus de cheminée pour veuve de sous-officier. Aucun contre-courant, aucun de ces retournements, de ces immenses inversions de flux qui ont fait les grandes civilisations modernes. Le décentrement, le choc en retour des U.S.A. à l'Angleterre, de la Sud-Amérique à l'Espagne, du Brésil au Portugal, sont la matière même du brassage historique. Ces pays dominants ont été à leur tour dépassés par ce qu'ils avaient engendré, dominés par des cultures qu'ils avaient inaugurées. Le centre de la france est resté désespérément sur le territoire métropolitain, il n'en a jamais bougé. Les vieux atlas de l'Empire représentaient les continents comme autant de vagues supports aux possessions françaises. Un monde sans couleur et, de-ci de-là, des petits bouts de rose rangés comme à la revue, soumis à la plus effroyablement tatillonne des bureaucraties. Quant aux Canadiens, Suisses et autres Belges, ils ne sont vus de Paris que l'annexe tremblée, un peu floue, à la limite de la perception, de l'histoire nationale. Au-delà, le vide, la peur et l'inconnu.

Toutes les grandes nations sont le produit changeant et controversé de pulsions historiques en mouvance, venant de et allant ailleurs que l'identité d'origine. Elles sont le fruit hasardeux de conquêtes et de chambardements. Celles qui échappent le plus à ces contingences, les vieilles nations d'Europe, la Grande-Bretagne et l'Espagne, à peine constituées, dégorgent des conquérants sans scrupules sur les territoires immenses de l'aventure. Non moins violente que la française, leur expansion du moins devient une épopée mondiale. Un jour, elles se dissolvent, se perdent presque dans l'étendue de leurs conquêtes, elles en deviennent à leur tour les dépendances. L'histoire française reste anémiée, restrictive, non par quelque pudeur devant les souffrances des peuples colonisés, les Africains « francophones » ne furent pas moins maltraités que les Indiens soumis par l'Espagne ou les Asiatiques anglicisés, mais simplement par incapacité au métissage, refus du croisement.

L'expansion française est hiérarchique, du centre à

la périphérie. L'explosion anglaise ou espagnole court comme le feu dans la prairie, elle ne regarde jamais derrière elle. La france, convaincue d'être un exemple au monde, a ajouté la bigoterie à la cruauté coloniale, l'hypocrisie civilisatrice au travail forcé. Elle qui s'est longtemps cachée sous les prétentions humanitaires, les injustices du pouvoir blanc, craint maintenant les imprévisibles contrecoups d'une histoire déséquilibrée. N'ayant rien compris au mouvement des nationalités, elle coexiste jalousement au monde, en dérobant des reliefs, évitant peureusement ses grandes tragédies comme ses épopées conquistadoresques. Elle a toujours cru à ses propres mensonges : ses Savorgnan de Brazza sont toujours mi-instituteurs, mi-hygiénistes, jamais simplement des Pizarre assoiffés d'or. L'histoire française au cours des temps modernes a quelque chose d'hypocritement ouaté qui soulève le cœur. Elle se fait du reflet assourdi et assagi de l'histoire des autres. Histoire d'intentions, de faux-semblants, histoire assoupie qui vit la crise de 1929 comme celle de la télévision avec un sage retard, attendant que d'autres aient essuyé les plâtres. Un écran opaque, celui que crée la certitude d'être la Civilisatrice, l'isole de l'univers, ne laissant passer que les coups sourds d'une historicité atténuée.

Pauvreté linéaire

La france a décidément, pour son malheur, été frustrée d'invasions. Elle a manqué de compagnons de jeux. Enfant sage et solitaire, elle n'a jamais cher-

ché qu'à se préserver, se conserver, elle n'est tombée
amoureuse d'aucun conquérant barbare et fertilisa-
teur, elle s'est vouée à la sainte Catherine des
peuples. Le viol raté de Poitiers, les croassements vir-
ginaux de Domrémy, telles sont ses infructueuses
fiertés. Sans Charles Martel ni Jeanne d'Arc, ce pays
ne serait point resté vieille fille. Une hache sarrasine,
une flèche anglaise eussent-elles transpercé ces deux
crânes, nous aurions connu nous aussi l'ivresse d'être
conquis, remodelés, bâtards. Nous aurions été un peu
arabes, comme les Espagnols, ou quelque part
anglais. Je soupire après une france dépecée, mor-
celée. Vivant enfin les écartèlements des peuples
risque-tout. Bien sûr, nous avons de temps à autre été
« occupés » — brefs séjours anglais, courte prise de
possession allemande — mais nous n'avons jamais,
hélas, été conquis. Ces occupations-là, déniées,
effacées de la mémoire nationale, ne sont que prétexte à tardives rodomontades. Le nationalisme français, où l'État incarne la nation, ne répugne qu'aux
métissages, pas aux collaborations. Car la france
n'est douée que pour les coups de pied de l'âne, les
résistances d'après la victoire suivant les soumis-
sions de la guerre, elle n'est du côté du plus fort que
pour mieux l'accabler une fois à terre. L'important,
n'est-ce pas, est de conserver intact le « patrimoine
national », un État centralisé, à n'importe quel prix.
Pétain-Jeanne d'Arc, même combat ; et Vichy fut
aussi nationaliste que De Gaulle. Ajoutons qu'à la
longue, plus personne n'a envie de violer la france.
Jeanne Hachette et autres pucelles ont fini par couper
toute envie aux séducteurs éventuels. La clé de la
ceinture de chasteté française est à jamais perdue. Et
la femme adultère, celle qu'on rasa à la Libération,
reste l'anti-héros français par excellence.

Cette lâche pruderie ne va pas sans graves conséquences pour l'insertion française dans le monde contemporain. La francité a complètement loupé son entrée dans le concert américain, et le français n'est à New York qu'un relent de cuisine ou un souvenir poussiéreux : dans la Babel moderne, ce peuple, si épargneur de lui-même, est pratiquement absent. Les forces des civilisations s'abreuvent et se réchauffent au Gulf Stream des invasions. La france est un rocher aride qui brise ces courants, dont ils se détournent, habité seulement de mouettes criardes. Les mixtures de haine et d'amour entre grands peuples frères, comme l'espagnol et l'arabe, sont trop fortes pour la débile constitution française. Tout Arabe, fût-il francophone, vous le dira, il est plus à l'aise en Espagne ou en Italie qu'en france. Le moindre émigré italien est chez lui à New York. Oui, les Français ont manqué les deux grandes chances de fusion maritime à quoi tout semblait les destiner, la méditerranéenne, à laquelle ils ont substitué le minable colonialisme de sous-préfecture, l'océanique, celle qui unit Berlin, Londres, Naples, Cadix, Vigo, Barcelone, à Buenos Aires, Mexico, Rio, New York, Boston, qui va de la Catalogne aux Andes, de l'Irlande au Middle-West. Nos noms géographiques sont pauvres parce que nous sommes incapables d'envolées planétaires.

Être français, c'est vivre l'histoire dans sa pauvreté linéaire, comme une généalogie factice et monotone. Ni découverte, ni exil. Pas de sangs contradictoires, ou du moins, le refus de le savoir. Aucune de ces différences de potentiel qui font les décharges créatives. De sinistres problèmes de successions à l'intérieur de quelques familles immobiles sur le même territoire, tels sont nos seuls souvenirs. Quinze siècles consacrés à repousser l'envahisseur, mais à le repousser d'un bout d'Europe grand comme un mouchoir de poche, jardinet de banlieue qui, avec une rocaille alpine, deux rangs de thym et quelques roseaux, pense résumer en lui toute terre habitée. La france est comme le drap propre d'un lit sans amour, elle a la pureté de l'absence, la durabilité de la momie, le charme du frigidaire.

Cristallisation de la france

Pourtant, faute d'aller se mêler au monde, la france s'est faite, ingénieuse ventriloque, une réputation de terre sauvée du déluge universel, d'arche de Noé recueilleuse des génies menacés. On sent ce qu'a d'insupportable cette prétention à ne connaître l'exil que d'un côté, celui de l'hôte qui reçoit, sans jamais de réciproque, à ne vivre la folie que comme gardien de l'asile.

La dévotion papelarde que la france porte aux « droits de l'homme », coup fourré de persécutions administratives contre les étrangers, sa charge de grande Protectrice des exilés ne s'exerce que dans l'écrémage de minuscules minorités représentatives, destinées à peupler le zoo culturel parisien. Quelques représentants de chaque espèce suffiront à rappeler la diversité du monde. Quelques individus sélectionnés suffiront à établir l'apparence de la générosité. Droits de l'homme, cela s'entend seulement à propos de quelques personnalités choisies. On n'en parlera pas à propos des masses d'immigrés portugais, espagnols, arabes, juste bons à balayer les rues et réexpédiables à merci. Ceux-là ne « représentent » rien, donc ils ne peuvent servir à l'illustration des grands principes. Pas de mixité populaire avec l'étranger, c'est mauvais pour la santé française. Le droit d'asile, forme la plus restrictive de la rencontre entre les peuples, ne se conçoit bien que dans un pays clairement délimité de l'étranger ; c'est l'aumône des avares.

Donc, les Français veulent bien des droits de l'homme, à la condition péremptoire d'en être les inventeurs, et qu'ils soient une nouvelle illustration de la suprématie française. *Habeas corpus*, connais pas. C'est du latin anglais, ça n'emplit pas la bouche comme « droits de l'homme », même si c'est singulièrement plus précis et efficace. Moyennant quoi la france a été l'une des dernières nations européennes à ratifier les conventions internationales qui les régissent, ces fameux « droits de l'homme », et ignore tout des droits les plus élémentaires de la défense coutumiers aux Anglo-Saxons. On le sait, en france, l'accusation publique est toujours supérieure à la défense des individus.

N'empêche : les Français croient donc dur comme fer qu'ils ont apporté au monde cette formule magique des droits de l'homme. La révolution américaine est seconde à leurs yeux, une pâle copie de la révolution française, scandaleusement antidatée par une de ces tricheries dont l'histoire est coutumière. 1789 précède en droit le 1776 américain, et même le 1689 anglais. C'est le sort de toutes les inventions françaises d'être d'avance plagiées par d'habiles contrefacteurs étrangers.

Restent les philosophes : ce Suisse parisianophobe qu'était Rousseau, Voltaire, l'éternel exilé, sont

appelés en renfort d'une paternité usurpée. Il n'empêche : politiquement, historiquement, la france n'est
d'aucune manière l'initiatrice des libertés indivi-
duelles. De la même façon que le nationalisme français s'est toujours retrouvé collaborateur des États
forts, la patrie des libertés a toujours préféré au fond
d'elle-même l'Allemagne à l'Angleterre ; et quand un
président américain émet la prétention de se poser en
défenseur des droits de l'homme, il y a toujours un
Français pour s'en indigner. On a pu ainsi lire, dans
Le Monde, un article de Druon, ancien ministre de la
Culture (une spécialité humaniste, pourtant), repro-
chant à Carter de mettre en péril l'équilibre, l'ordre
mondial, par sa croisade irresponsable pour la
défense des droits des individus. La france de droite
préfère encore la Russie soviétique à l'humanisme
américain (rappelez-vous Giscard refusant de rece-
voir les dissidents soviétiques). Elle sait qu'alors elle
reflète le sentiment populaire.

On étonne toujours les Français quand on leur dit
que le ventre et le cœur de leur pays sont définitivement du côté de l'ordre. Que la force profonde qui fait
l'unité de son histoire est le goût, le plaisir, le besoin
d'ordre par tous les moyens. Droite, ou gauche, ferme
et prudente, qui se sent libérale parce qu'elle répugne
à l'aventure des despotismes irrationnels, des tsars
anciens et nouveaux, des dictateurs allemands ou italiens. Si la politique française est atrocement raisonnable, sans cracher sur les hommes providentiels
mais en évitant les à-coups dangereux, si elle connaît
les Pétain mieux que les Hitler, c'est par prudence ;
elle soupçonne, quelque affection qu'elle ait pour les
régimes forts, qu'il vaut mieux les assagir pour qu'ils
soient plus stables. Plutôt une bonne longue emprise
autoritaire qu'un cataclysme porteur de bouleverse-

ments. En politique française, le mot « aventure »
sonne funestement. Même les dictateurs y prennent
vite du ventre. Voyez le passage du Corse Bonaparte
à l'ordre impérial.

Pourtant, les Français disent avoir une histoire
mouvementée. La france, pays des révolutions ? Une
dizaine d'années à la fin du XVIIIe siècle, un bref accès
de fièvre tous les vingt ans au XIXe siècle (et encore les
étrangers jouent-ils dans la Révolution et dans la
Commune un rôle essentiel[1]), le Front popu, Mai 68.
Maigre bilan : quelques années d'émeutes séparées
par d'immenses périodes d'ordre musclé, deux siècles
d'ordre impérial, Louis-Philippard, républicain, succédant à treize siècles d'ordre monarchique. Pas de
guerres civiles, pas de guerre de Trente Ans, pas de
guerre de Sécession. Une histoire en tout cas
« calmée » dès la fin de la Renaissance et des guerres
de religion.

Bien sûr, la constitution de l'État français, cette
agglomération successive d'héritages longuement
convoités autour d'un noyau plus insulaire (« Ile-de-
France ») qu'aucune île maritime, ces terres voisines
ajoutées morceau par morceau au manteau royal, ont
chargé la france du poids de l'immobile. La france est
une mercerie de province qui s'est agrandie en rache-
tant les commerces voisins. Irritante sagesse des rois
français, usuriers tranquilles qui font fructifier le
fonds france. Nous n'avons guère de rois fous, tout au
plus (et c'est le plus grave reproche qu'un Français fasse à son monarque) des rois parfois dépen-
siers. Un seul roi folle, Henri III, le mauvais roi, qui
perd sa dynastie avec lui. Le bon roi français, c'est

---

1. Dans les deux cas, ce sont eux qui dirigent la force armée révolutionnaire
aux moments décisifs.

Louis XI, cruel économe d'une nation avaricieuse. En face, de l'autre côté de la Manche, les Richard III, les Henry VIII, des colosses débauchés, des parjures, des hérétiques, le grand commerce des continents.

La france est une cristallisation, quand les grandes nations sont des solutions ou des mélanges. Son développement se fait en suivant les lois d'une géométrie équidistante, elle prend toujours garde à ne pas excentrer le foyer. Les autres peuples bondissent en grandes chevauchées à l'Est pour les uns, en courses à l'Ouest pour les autres, ils sont en déséquilibre permanent ; ils regardent à l'horizon, oubliant ce qu'il y a derrière eux. La france s'accroît en mettant ses provinces au coffre parisien. Vue de Paris, elle est un emboîtement de petites frances méthodiquement rangées ; plus de grandes divisions possibles, plus de frances multiples imaginables depuis la fin des Frondes. Aucune nation européenne n'a réussi si tôt sa conversion à l'intangibilité étatique, si remarquablement continue de Louis XIV à aujourd'hui. Ce tournant marqué par Richelieu et Louis XIV, c'est celui où se fixe pour toujours (et donc en tout cas pour jusqu'à aujourd'hui) la civilisation et l'État français. Il y a là une « coupure ». Depuis le temps baroque des Grandes Mademoiselles et des Condé condottieri passant d'un souverain à l'autre, celui des appels à l'Espagne (la Ligue) ou à l'Angleterre (les protestants), prend l'allure d'un épouvantable chaos dont nous sauvèrent les poignes bourgeoises et monarchiques (c'est tout un). La france ne sera plus jamais sérieusement menacée d'éclatement. Au cours de la constitution du patrimoine national, pas de marche au désert, pas de territoire-limite qui fascine et aspire ; pas de marche au couchant ni au levant, ni de Trek, ni même de Reconquista. Un accroissement

de capital intouchable par accumulation d'intérêts.
Le calme plat de l'évaporation, qui dépose les provinces dans la saline française, ou celui d'une géla-
tine qui prend. Moins une fusion qu'une lente réaction
à froid. Telle est, sinon la loi réelle de la formation
française, du moins l'image qu'on s'efforce de nous en
inculquer. Oui, le métabolisme national est d'ordre.
La vraie france éternelle, ou du moins continuelle,
c'est Vichy, Louis-Philippe, Badinguet, les ventripo-
tents de la IIIe République et du gaullisme. Tous fils
de Louis XVIII. La france aime les gendarmes,
méprise les vagabonds, a horreur du changement,
thésaurise l'or (la nation la plus thésauriseuse de
l'Histoire, disent les économistes). De Colbert au pro-
tectionnisme, le drame français, c'est quand les
importations excèdent les exportations, ou les
dépenses les recettes ; Marie-Antoinette est tombée
d'avoir été surnommée « Madame Déficit ».

Tous les complexes nationaux s'organisent autour
de cette peur de se laisser entraîner, de basculer dans
le déséquilibre. Alors, quand on nous oppose la « tradition révolutionnaire » (sans craindre la contradiction contenue dans l'expression) propre à la france,
on oublie que ces « révolutions » sont bien plutôt des
remises en ordre. On fait une révolution en france
pour se retrouver au point de départ. Les autres pays,
qui se contentent d'évoluer, suivent des lignes de
fuite. Les révolutions cycliques françaises ont tout du
mouvement d'horlogerie, elles ont la régularité des
mouvements astraux. Ce sont de courts, de très
courts psychodrames dont l'ordre sort toujours vain-
queur et renforcé. Elles retrempent le pouvoir, ne le
déplacent qu'à peine, le reconstituent. Elles ajoutent
une couche à la chape de l'ordre. Révolutions-
laboratoires, si admirées par Marx, qu'on dirait

inventées pour le plaisir du démontage intellectuel,
purs « modèles du monde » et à peine événements du
monde, où le plus souvent rien ne pousse qui vienne
de l'extérieur, mais qui réajustent l'ordre fondamen-
tal quand il a atteint le point de rupture. Révolutions
ponctuelles, à numéros, mouvement pendulaire à
échappement, leur cycle répétitif contraste avec les
vagues de fond et de longue durée qui soulèvent les
autres peuples. Parce que toute révolution française
ne fait que réaffirmer la france, elle n'est qu'un jeu
politique sans conséquence.

La vie politique française, au siècle des « révolutions », connaît une mode qui ne lui passera jamais :
celle du « retour », si bien adaptée au style national.
Retour de l'île d'Elbe, restauration de la monarchie,
retour aux Bonaparte, retour de De Gaulle ; même les
républiques sont bissées, trissées. La phrase trop
connue de Marx sur la répétition en histoire ne s'ap-
plique bien qu'à la france, d'où l'exemple est d'ailleurs tiré. Quand les Français ont goûté à un régime,
vient toujours un moment où ils en reveulent.

Tout de même, il y a la Révolution, la grande, celle
de 89. Mais quelle différence de la Révolution française à l'autre, la première, la révolution américaine,
celle de 1776 ! Celle-ci est une insurrection où s'affir-
ment à la fois l'indépendance d'une nouvelle fédéra-
tion d'États et celle de l'individu. Celle-là ne fait que
renouveler, approfondir le pouvoir politique d'un territoire depuis longtemps unifié. Celle-ci se fait avec
l'aide de l'étranger, celle-là contre l'étranger. La
Nation, nouvelle forme de la cohésion française,
contre les fédéralistes, les jacobins et la Terreur
contre les Girondins, les massacres de Septembre
contre l'émigré... La révolution à la française est
d'abord une purge, un raffermissement, un renouvel-

lement du centralisme. Le fédéralisme, voilà l'ennemi écrasé dans le sang en 93, comme en 1871, la liberté communale, par la gauche comme par la droite. Au bout du compte, le grand reproche fait à la monarchie par la nouvelle classe dirigeante, c'est moins l'injustice des privilèges (drapeau sous lequel le peuple croyait lutter) que leur incohérence, le risque qu'ils faisaient courir à l'unité nationale. C'est de manquer d'énergie dans la concentration du pouvoir, et non de la pratiquer à l'excès. C'est la « faiblesse » de Louis XVI qui indigne les bourgeois plus encore que le Droit divin. La monarchie, devenue un obstacle à l'alignement français, doit laisser la place à des poignes plus fermes.

Souvenez-vous de l'article 3 de la Déclaration française des droits de l'homme : « Le principe de toute souveraineté réside essentiellement dans la nation. Nul corps, nul individu, ne peut exercer d'autorité qui n'en émane essentiellement. » Là est la vraie « Révolution » : dans la transformation de la nation en *ultima ratio* de la science politique.

Si la france a la droite la plus bête du monde, elle a la gauche la plus à droite du monde. La seconde ne fait au cours des siècles que renchérir sur la première dans la course à l'ordre et au centralisme. Ministres roturiers de Louis XIV contre frondes nobiliaires, raison classique contre obscurantisme médiéval, rationalisme bourgeois contre coutumes d'Ancien Régime, discipline révolutionnaire contre manque de rigueur petit-bourgeois. Même les révolutions culturelles, en france, ont pour effet un renforcement de la centralisation, pour moyen la Terreur, et pour but la Vertu. Alain Jouffroy, croyant leur rendre hommage, appelle les surréalistes « les jacobins de la littérature française ». Et même ces apôtres officiels de la dérai-

son, grands spécialistes ès purges, ont adopté le
modèle efficace de la révolution politique à la française. Quelque oripeau dont elle s'enveloppe, bonheur
des peuples ou écriture automatique, la révolution
française ne se met en marche que pour écraser la différence (souvenez-vous des éructations surréalistes
contre l'homosexualité « vice bourgeois »). La seule
faute inexpiable, pour un Français, c'est d'hésiter sur
la distinction du juste et du faux politique, de ne pas
avoir Raison d'État. Le seul acteur de l'histoire française, c'est celui qui s'arroge le droit d'exclure, de
noter, de trancher les têtes ou les textes au nom d'une
france supérieure. Aucun mouvement révolutionnaire
français ne va de la périphérie au centre, toujours
l'inverse : la révolution est un durcissement.

Toujours ou jamais

Ce centre supérieur de comptabilisation, d'ordonnancement, c'est Paris. « Les Anglais déchaînent avec
eux les flux du capitalisme, mais les Français inven-
tent l'appareil de pouvoir bourgeois capable de les
bloquer », écrit Deleuze. Et l'opposition entre Paris et
Londres, entre l'île anglaise avec son réseau de vais-
seaux et l'île de france et son enfilade de ministères,
est terriblement parlante. L'un des reproches que les
bourgeois de Paris feront à la monarchie, à la fin du
XVIIIe siècle, c'est d'avoir décentré, de Paris à Versailles, la capitale. Nombreuses sont les nations où la
capitale économique, pragmatisme avisé ou méfiance
naturelle des peuples, n'est pas confondue avec la
capitale politique. Dans l'Europe actuelle, où Berlin

est divisé, où Barcelone rivalise avec Madrid comme Milan avec Rome, Londres paraît toujours au visiteur une suite de villages isolés. Mais Paris... Paris ne vit que de déprimer tout ce qui l'entoure, en niant l'étranger, en aplatissant tout le pays autour de son œil surveillant. Qu'un Ulysse vienne à crever cet œil, et le cyclope france est aveugle.

Les républiques ont francisé les provinces en profondeur, ont parfait l'œuvre des rois. Le Paris culturel moderne a parfait à son tour l'œuvre des jacobins. Chaque étape est une récidive, chaque pouvoir tape sur le même clou. Souder et ressouder les provinces autour de Paris, tel est le sens de mouvements aussi apparemment divergents que la conquête royale, la proclamation républicaine ou les croisades de l'intelligentsia culturelle gauchisante.

Les générations successives d'exécutants du projet parisien sont d'une bonne foi éclatante. Qu'une nation soit un organisme anthropomorphique, avec une tête et des membres symétriquement disposés, elles en ont bu la conviction avec le lait maternel. Les autres pays, bien sûr, nains ou géants, ne sont pas à la taille de l'homme, ils sont mal dégrossis.

Mais regardez donc une carte : vous en voyez beaucoup, des pays qu'on peut mettre en croix ? Les autres territoires sont des bandes, des archipels, des magmas, des péninsules. Ils donnent à explorer, à contourner, à imaginer. La longue résistance française aux formes de l'art moderne s'alimente peut-être à cette représentation d'un territoire-foyer dont toutes les pliures se croiseraient au même point. Quatre quarts du territoire, ou ces trois tiers de la société (paysans, ouvriers, employés) qui ont longtemps fait la fierté des sociologues du pays, toutes les divisions et multiplications françaises tombent juste.

Il ne reste rien pour la part du rêve. La france est un
territoire intimement, obstinément idéologique. La
recherche forcenée des « frontières naturelles » est
son mode favori d'inscription dans le monde. Frontières naturelles : il ne s'agit même pas de ces
« espaces vitaux » ou de ces droits à la domination
que s'arrogent volontiers les peuples impérialistes.
La france ne s'annexe pas de territoires, elle recons-
titue à partir du noyau celui qui de toute éternité lui
avait été destiné. Tout peuple sans territoire, ou au
territoire variable, est à la mémoire française une
douloureuse énigme.

Oui, la nation à la française est une construction
sans correspondant, où la « nature » vient sans cesse
à la rescousse, car les époques géologiques elles-
mêmes sont appelées en renfort pour l'enraciner dans
le plus lointain passé. Mais cette imprégnation par
l'hexagonisme fut le fruit de croisades répétées,
l'unité s'est faite « contre », contre la vie, contre l'évidence. L'hexagonisme a longtemps caché une
extrême fragilité : l'île est à faire, et la perméabilité
de la frontière du Nord, cauchemar des Maginot, l'ir-
rédentisme provincial font de la france un monument
de volonté politique, qui n'a de cesse de se légitimer.
La nation france, c'est-à-dire la structuration de la
représentation de l'univers pour les Français, n'est
certes pas la plus « naturelle » du monde, mais au
moins celle qui travaille le plus à l'être, de Louis XIV à
De Gaulle.

Ce système de représentation donne à la nature
elle-même l'allure d'une permanence de signification,
elle ne la conçoit que comme aval de sa propre existence concrète. Le cogito cartésien, cette escroquerie
pour écoliers, explicite assez bien le cogito français :
puisque je pense français, donc la france existe. Et

n'existe pas seulement en tant que pensée, mais pleinement, physiquement, « naturellement » dotée de toutes ses qualités (frontières fixes, langue unique, etc...). Concrètement idéaliste, la pensée-france découpe sa « réalité » en éliminant les tensions dont les autres peuples vivent : tension entre le territoire et la langue, entre l'idéologie et le réel, entre le passé et l'avenir. Tout y est en continuité, puisque aucune représentation n'est admise que si elle part des prémisses nationales ; le reste, c'est l'enfer de l'histoire française.

La france ne se « regrette » jamais, elle n'a pas la chance des peuples au territoire rompu (Juifs, Arméniens, Polonais au xixe siècle). Mais elle ne connaît pas non plus la beauté de la naissance des nations. Elle est un astre qui ne se lève ni ne se couche, elle est depuis trois siècles midi le juste à l'ombre la plus courte. Son insensibilité aux mouvements vitaux qui font et défont les peuples, partitions et parturitions, morts et naissances, explique son hostilité durable aux révoltes « coloniales » ; elles ne pouvaient qu'être financées par d'autres nations, une part de leur complot, puisqu'une nation ne naît ni ne meurt. « Naissance d'une nation », ce beau titre jamais ne couronnera une épopée française. Les Français jamais ne sentiront cet appel d'une nationalité « au-delà » du réel politique, puisqu'ils sont devenus en trois cents ans sûrs d'avoir toujours existé (d'Astérix à Coluche). Leur plus extrême ouverture s'arrête au « principe des nationalités », principe d'une seule nationalité à la rigueur réitérable. Il n'est de nations que celles dûment répertoriées, déterminées, où l'on puisse de quelque manière reconnaître, en mauvais duplicatum, l'essence divine de la nation à la française. Il faut bien quelques autres nationalités pour

faire ressortir la précellence de la française. Mais des
nations qui naissent dans le bouillonnement du chau-
dron de l'histoire, des sabbats de peuples, qui mécon-
naissent le principe de la sainte trinité (peuple,
langue et pouvoir politique uniques, fondus de toute
éternité), cela ne se peut pas. Des nations, ou bien
cela a toujours existé tel, ou bien cela n'existera
jamais.

Que voulez-vous, en france, on laboure la terre et
on découvre l'or du grand-père. Ou, si vous préférez,
la nation est une aïeule dont on attend en vain l'héritage, car elle enterre tous ses petits-fils. Drame
confiné de famille à la Mauriac. Ailleurs, la vie passe,
des explosions secouent les nationalités, la dérive des
continents, comme pour l'anglaise et l'espagnole, les
fracturent en greffons florissants ; des fédérations,
comme l'allemande ou l'italienne, se forment ou se
déforment ; les nations se savent filles du hasard,
c'est ce qui fait leur grandeur. Elles érodent la géographie, trompent les races, jouent des peuples et des
régimes. La nation française se croit née tout armée
du front de l'Europe ; chouette éblouie par le soleil,
elle hulule en vain dans le printemps universel.
Déesse vierge, elle se prétend pure de toute bâtardise.
Elle prend pour signe de son excellence la haine que
lui vouent les autres oiseaux. Et elle se glorifie de la
sagesse oiseuse des radoteurs.

L'œil du cyclope

Il n'y a qu'une vertu politique française : la terreur
menée de Paris. Pour visser au territoire l'identité

nationale, pour obtenir le calme plat d'où seul émerge l'îlot de Lutèce, il a fallu une main de fer sur les provinces. De Richelieu, le travesti d'acier regardant La Rochelle crever de faim, à Saint-Just, l'asexué guillotinant les Girondins, les protestants ou les modérantistes n'ont qu'un tort : celui de déranger la grille française. Plusieurs siècles plus tard, ce sont à leur tour des protestants, comme Ferdinand Buisson, qui se feront les apôtres du centralisme par l'école. L'histoire politique française ne confie de décision qu'aux fanatiques de l'éradication des cultures particulières.

« Les Français, ça n'existe pas », titrait *Libération* après une lecture rapide de l'ouvrage de T. Zeldin[1], ce regard anglais si percutant appliqué à la francité. En fait, si la france populaire n'est que le produit relativement récent de l'opiniâtreté d'un pouvoir politique parisien, elle s'est assurée la base arrière d'une monarchie séculairement centraliste. Simplement, en france, où être du côté du progrès est synonyme d'être partisan d'encore plus de france, le personnel politique et culturel est entraîné depuis longtemps (et encore récemment en Algérie) à considérer la francisation comme une promotion qu'on n'a pas le droit de refuser aux provinces et qu'elles n'ont pas le droit de refuser. Ce que reproche la Révolution, et toutes ses petites sœurs, aux anciens régimes, c'est de ne pas continuer à faire la france qu'ils ont si bien commencée. Elles s'estiment meilleures exécutantes du projet national qu'eux.

Premier temps : des territoires avalés à petits coups, macérés, malaxés par l'administration royale. Une fois bien déglutis, vient l'assimilation complète, par digestion républicaine. Certains conquérants sont

---

1. T. Zeldin, *Histoire des passions françaises*, trad. en cinq volumes, deux parus en 1978 aux Éditions Recherches.

de grands fauves aux appétits brutaux, aux siestes
inattendues. Sauf sous l'empire du Corse, la france
est plutôt le chacal de l'histoire, voleuse d'un morceau de tripe de la Lotharingie éclatée, d'une province italienne, d'un os breton, qu'elle emmagasine
dans son pourrissoir. Elle n'essaie pas d'avaler des
continents, sauf la dépouille africaine, enclave dans
un continent affaibli et suffisamment proche pour être
étroitement enchaînée. Mais le peu qu'elle conquiert,
elle le garde, le déchiquetant jusqu'à le rendre
méconnaissable.

Il n'y a plus eu de guerre civile française après la
Fronde. Mais se sont multipliées les guerres de purge.
Les seules où à tout coup la france soit victorieuse.
Voyez la barbarie sanglante avec laquelle l'État français, qui s'était fait la main sur les Cathares, exile les
protestants, tue les camisards, fusille les chouans,
tire sur les autonomistes. Les seules grandes guerres
de la france, ce sont celles gagnées sur les malheu-
reux qu'elle a réussi à prendre en son piège hexagonal. Là, dans la discrétion des frontières, tous les
moyens sont bons pour l'élimination des victimes.

L'histoire, pour la nation française, c'est la réaffir-
mation par la force de son inaliénable droit de pro-
priété sur les provinces. L'histoire ne doit pas produire d'événements, elle ne doit que confirmer des
titres. Et la france a titre éminent à exister, appuyé
sur des millions de morts, sur des provinces longuement et scientifiquement dévastées.

Comme la création d'États nouveaux la déroute
toujours, le cours réel des événements échappe à la
« politique extérieure » française. A la longue, l'histoire française n'est plus qu'une interminable récri-
mination contre ces nations métèques moins méri-
tantes qui lui ont volé la première place. L'acrimonie

constitutionnelle d'un pays qui se croit le centre légitime de l'univers, mais qui sait que par pure méchanceté les autres nations lui refusent sa place, se venge sur les populations soumises qu'on ne peut lui disputer. Puisque la vie internationale n'est que déception et chagrin, vive les compensations domestiques. Battez votre femme quand le patron vous offense.

Le pouvoir politique parisien peut malmener les Bretons et les Corses, ramasser les militants autonomistes préventivement au passage des visites présidentielles, maintenir une cour de sûreté à seule fin de briser les résistances, sans susciter « à gauche » d'opposition sérieuse. « La province », tout indifférencié, n'est pas susceptible pour le progressisme français d'autres révoltes que réactives, pas plus que les Algériens n'ont pendant longtemps pu avoir d'autre but légitime que de devenir français. Malheur à qui est tombé sous la coupe de la france : plus le flux des événements extérieurs lui donne tort, plus la france se raffermit contre l'ennemi intérieur. On a dit que la perte d'influence de la france dans le monde avait correspondu à la montée des revendications « autonomistes ». Tout récemment, ce peut être vrai : mais, l'histoire des temps modernes pour la france est d'abord le lieu du passage de l'unité politique à l'unification culturelle. C'est par le détour culturel, par le passage de la conquête à l'assimilation que la france diminuée se complète intérieurement. L'idée de la « prédominance culturelle », succédant à l'idée de la suprématie politique armée, lui assure une retraite honorable, mais elle suppose pour être crédible l'étouffement des voix intérieures non françaises, tout comme le progrès suppose la francisation. C'est à gauche que tombent les rêves dominateurs désenchantés, sous forme de lutte contre les arriérations provinciales ou de moqueries pour les non-Parisiens.

Par la culture, s'est achevée la conquête française, et elle a su alors prendre le vêtement citoyen, l'allure d'une libération. Cette métamorphose des réflexes despotiques les plus asservissants en croisade de la raison suppose une culture totalement dévouée à la Nation. Il importe que le lieu où s'expriment le plus les tensions désorganisatrices des discours politiques dominants, la civilisation comme créatrice d'expressions littéraires ou artistiques, soit occupé par de sincères propagateurs de la foi française. L'idéologie progressiste des intellectuels, en france, semble avoir été taillée sur mesure pour assurer à la francité une survie offensive, et le progrès par l'école avoir opportunément succédé aux armes chancelantes. La prise de pouvoir de Paris sur la france, de la francité sur le territoire français, est d'abord une opération conceptuelle réductrice. La france se divise dès l'âge classique entre le singulier, le cohérent de la capitale, et les terroirs, les jacqueries, le pluriel des régions, pour reprendre des formules empruntées à Jean-Paul Aron[1]. Pour faire de la francité, il a fallu défaire du breton, de l'occitan, etc. La déculturation de la province est nécessaire à son acculturation. Le provincial ne subsiste qu'à l'état de folklore, innocenté de toute vision sur l'avenir. Certes, le saccage des provinces françaises traditionnelles frappe, mais encore plus le soin apporté à ne pas en voir surgir de nouvelles. L'impuissantisation des cultures régionales françaises (parlerait-on d'ailleurs de « culture régionale anglo-américaine » ?) commence par la destruction de leurs langues, mais elle continue par l'interdiction qui leur est faite de peser sur la langue domi-

---

1. Ouvrage déjà cité.

nante, par le cantonnement en patois conservés comme vestiges. Soumise au français de l'école, aux littératures de colportage, la culture provinciale n'a même pas l'occasion d'être au sein du français une force agissante. Toutes les autres grandes langues sont subverties par ceux qui les parlent, tordues par des minorités à leur usage personnel (et cela est vrai de l'anglais, avec ses innombrables anglo-gaélique, anglo-irlandais, anglo-américain, *black english*, comme de l'espagnol ou du portugais). En français, tout ce qui menaçait l'unité a été relégué au musée ethnologique, avec quelques courageux poseurs de bombes comme gardiens. Les contestations provinciales ne seront ni l'Algérie, ni la révolte américaine : les minorités qui minent les autres pays, les langues qui se forgent dans les ghettos et les ports sont des subversions efficaces. La contestation régionaliste en france ne peut se revendiquer que d'une territorialisation aujourd'hui encore plus étroite que la française, une tradition muséographique sans chaleur.

Le nationalisme français n'est pas une vieille lune décroissante, il ne s'affaiblit pas avec le déclin du pays. Il accompagne, sous sa forme moderne, la plus venimeuse, la montée de la république et le mouvement à gauche dans la société jusqu'à culminer dans le parti communiste français. En 1789, la grande majorité des cahiers de doléances étaient fédéralistes. En 1864, raconte Zeldin, un inspecteur d'Académie en Lozère, interrogeant les enfants d'une école villageoise et leur demandant dans quel pays se trouvait leur département, n'obtenait pas une seule réponse satisfaisante. Ces jeunes paysans ne se savaient pas

encore français. Il a fallu des siècles de terreur politique et cent ans de camp de rééducation pour avoir
raison de cette ignorance. La télévision achève le pro-
gramme tracé par l'école, le nivellement préparé par
la monarchie. Le pays entier rendu visible de Paris, le
français corseté en une langue, Paris inamovible, tout
cela n'aurait pas été possible si l'élite créatrice du
pays ne s'était attelée à la tâche avec enthousiasme.
Quelles que soient les erreurs qu'un pays puisse com-
mettre dans la considération qu'il se porte à lui-
même, elles n'ont été possibles en france que si la
partie la plus « éclairée » de l'opinion avait d'abord
admis comme naturellement désirable la stricte adéquation du territoire politique et de la langue. Langue
« souveraine », dont l'expérience forcée modifie
jusqu'à l'expérience sensible du petit enfant, que celle
qui confond l'aire de pouvoir et l'aire d'expression.
Les *spanish people* de New York, les parlant Pidgin
d'Afrique ne sont pas des patoisants. Il est réservé
aux Français de ne se comprendre qu'au travers
d'une langue imposée à la plupart d'entre eux, protégée par les chicanes d'une grammaire officielle,
incassable et intransformable ; les langues provinciales françaises ne contamineront jamais le français,
et le francophone ne rencontrera jamais ce presque
pareil si différent qui crée dans les univers linguistiques le réseau des plaisirs et des glissements. Ce
n'est pas seulement le passé qu'on a effacé des provinces françaises, c'est surtout l'avenir, les chances
du métissage culturel. Il n'y a pas d'« usage mineur
du français », pour reprendre l'expression que
Deleuze et Guattari appliquaient à l'allemand de
Kafka, parce qu'en francité il n'y a que le blanc et
le noir, français-pas français.

Une seule langue, un seul progrès. L'histoire de la

montée démocratique française se superpose exacte-
ment à la clôture de l'aire d'expression du français,
contre les périls tant intérieurs qu'extérieurs. Mais
quoi d'étonnant à ce que, dans un pays organisé
comme une grammaire, la langue ait fini par fonctionner comme une dictature politique ?

La dureté du frivole

La culture française est le boulet de l'Europe.

Elle n'y a régné que pour arrimer des expansions possibles, pour retenir des envols. Régné, car la culture française règne quand les autres prolifèrent, se ramifient, s'éclatent. Et elle n'y a vraiment régné, vieille fille tyrannique, qu'à l'époque dite sombrement « classique ». Le seul apport vraiment distinctif de la france à l'Europe est ce trop fameux corset du classicisme, ce placage de marbre sur palais officiels.

La culture française n'est pas le vent de l'esprit soufflant sur l'Europe, elle est son lest, son axe inutile. C'est du plomb, du plomb doré, mais du plomb. Elle « fait masse », pèse par inertie, s'impose comme un pensum. Certes, elle acquiert dans ce monde classicisé une certaine puissance : mais ce n'est jamais la puissance légère des énergies qui font voyager. La culture française n'a bâti que des règles, des prohibitions, des champs clos. Les autres cultures sont météorologiques, elles forment des ouragans imprévisibles, vont de dépressions en hautes pressions par infimes variations ou moutonnent à l'infini. La culture française ne s'envole jamais, elle besogne seulement à maquiller le réel.

Masquer la pesanteur sous l'art du bien-dire : cette

nation a usé d'un pouvoir dont nulle autre n'avait
voulu, celui de légiférer sur le non-légiférable, elle a
érigé le manque d'inspiration en règle et la froideur
en principe. Voilà pourtant les meilleures spécialités
intellectuelles françaises.

Le classicisme européen n'est pas seulement français par le lieu, il l'est par la mémoire ; il n'y a guère
qu'en france où le mot ait encore cours positif, où l'on
en garde un souvenir ébloui : les Français s'envient
eux-mêmes d'avoir doté l'Europe de ce carcan vide,
de cette géométrie immobile à laquelle se restreint
l'idée classique.

Dureté du frivole : la froideur du classique français
s'accompagne nécessairement du charme sur commande de la frivolité artistique et littéraire. Une littérature entièrement de pouvoir produit comme seule
liberté la vaine tentation du frivole. Autour d'un
centre incontesté, la Langue, le Pouvoir, Versailles ou
Paris, un certain nombre de variations élégantes sont
autorisées, qui ne font que redire sa grandeur de
mille manières.

Mais le frivole n'est pas qu'une catégorie psychologique d'une littérature par ailleurs vouée à la psychologie ; il y a un très grand « sérieux » du frivole, au
sens où Derrida, dans *l'Archéologie du frivole*,
emploie ce mot. La culture française est frivole et
dure à la fois, xviie et xviiie siècles ensemble.

Le frivole, c'est d'abord le non-fécond, avant d'être
l'impondérable ou l'insignifiant. Est frivole une proposition logique qui ne progresse pas par l'énoncé,
qui ne produit rien, mais ne fait que réaffirmer du
déjà connu. Proposition frivole, en ce sens : être l'art
du Pouvoir, voilà le pouvoir de l'Art. Proposition èmi-
nemment chère à la culture française. Elle est frivole
parce qu'elle croit à la durabilité absolue du pouvoir,

qu'elle ne se considère jamais elle-même comme créatrice d'un réel (« trompeur ») mais comme illustrative
de ce pouvoir. Alors, le frivole peut bien faire le léger
ou l'élégiaque, il est dur à la vraie souffrance comme
aux vraies joies parce qu'il ne fait que répéter et
appeler de ses vœux la tutelle du pouvoir, en délivrer
le morne message infécond : seul ce qui est réel
existe, et seul le politique est réel.

D'un historiographe du roi nommé Racine aux
petits maîtres ès révolutions, la culture française se
met au service du pouvoir politique, se borne à le proclamer, à le traduire, que ce soit le pouvoir effectif
des monarques ou le pouvoir de droit des révolutions.
Faite pour une grande part de mémoires d'hommes
politiques, la culture française y voit un achèvement
de l'art. Elle est frivole parce qu'elle est politique,
qu'elle ne croit pas elle-même au monde (d'« illusions ») qu'elle pourrait créer. Elle est frivole et dure
parce qu'elle a toujours vécu à l'ombre du pouvoir
centralisé, qui pouvait changer de tête mais pas de
structure [1].

La rhétorique révolutionnaire, la mise au service
du peuple ont remplacé aujourd'hui l'exaltation des
vertus royales. Il n'empêche que la culture française
est serve, et frivole par désespoir. Elle s'est convaincue que l'art n'est jamais que le reflet du réel, ce
qui l'autorise à toutes les audaces gratuites et incré-
dules.

Culture officielle, culture contre-officielle (qui
réclame son officialisation dans le pouvoir de
demain), la culture française est pure ornementation

---

1. Il y a dans la dernière partie du livre de Pierre Legendre, *L'Amour du cen-
seur* (Seuil), d'intéressantes remarques sur la continuité du code médiéval au
code fonctionnaire bourgeois en france : l'exaltation de l'État-Vérité est dans ce
pays la charge des anciens et nouveaux clercs.

du pouvoir politique, elle ne crée pas la vie, elle ne bouleverse pas les cœurs. Elle garnit, stupidement, répétitivement, trompe-l'œil qui ne trompe aucun œil puisque tous sont avertis. Elle répète les mêmes volutes, les mêmes palmettes, les mêmes engagements et les mêmes proclamations d'intention. Seul l'ordonnancement du pouvoir, actuel ou à venir, lui donne place. Si elle n'est sûre de ses rapports avec le pouvoir, du moins les brandit-elle comme suprême justification. Pensionnat et commandes officielles, ou revendication de fonctionnariat et de subventions. Jamais un escroc, un illuminé, un amateur sauvage dans ce milieu professionnel de la culture française. Des David et des Boucher, des amuseurs de prince et des allégoristes froids. « La culture n'est pas une marchandise », va répétant le troupeau des stipendiés de l'État parisien. Non, elle est un service public obligatoire. Les imprévus du génie errant, les coups de Bourse et les quitte ou double, pas de ça en culture française. Au contraire même, elle s'édifie sur le refus du libre commerce des idées, sur la recherche de la bonne doctrine.

En france, où le rapport au pouvoir est la pierre de touche de la création, l'artiste est toujours officiel, en passe de l'être ou décidé à le devenir. Sinon, il est « maudit » - éditions rares, un par siècle. Toutes les querelles culturelles nationales brodent sur le même thème : la reconnaissance officielle, ou la déclaration d'utilité publique, chèrement disputées. Salon et contre-salon en peinture, académie contre jury, les maisons de la culture et la Comédie française pour le théâtre. Pourvoyeurs de la cour ou de la ville, les faiseurs de culture français courent derrière l'État, dont ils admettent implicitement ou explicitement la toute-puissance. Frivoles, puisque non féconds par le pou-

voir même de leur art, mais seulement décorateurs
des fêtes du pouvoir présent ou futur, les hommes qui
font la culture française se méfient des émotions
populaires. Tout le xixe siècle culturel et officiel a
poursuivi le feuilleton, le roman populaire, de sa vin-
dicte obstinée. Lisez ce qu'en dit Dumas, qui heureu-
sement pour lui ne sera jamais un grand écrivain
français. Le dur et froid frivole de la centralisation
parisienne, cette arabesque autour de la fleur immar-
cessible de l'État, porte la nostalgie du despotisme
éclairé. Après tout, là sont ses inspirateurs, ce Voltaire réunissant les qualités du pensionné royal et de
l'intellectuel de gauche. Éclairer le chef, par la raison
classique ou la dialectique, c'est là le vœu à peine
secret de tout intellectuel français. Domestique du
roi, ou du prolétariat, il peut expliquer les victoires
de l'un par la bonté de la logique française et discuter
à l'infini sur la manière de servir l'autre. « Que peut
la littérature, » demandait un célèbre débat à la
Mutualité ; circonscrivant ainsi le cercle de l'art français : ne rien pouvoir, ou être au service du pouvoir.
Culture française, culture d'État. Élitaire, elle ne vise
comme public que la hiérarchie. L'avant-garde révolutionnaire ou la présidence d'un organisme officiel
sont les conditions d'entrée au club.

Du coup, les Français ont transformé le cri « l'art
pour l'art » en une revendication étriquée passable-
ment ridicule, où l'on reconnaît d'avance l'hypocrisie
des intentions. Quand tout est frivole, se proclamer
artiste est se dire doublement futile. L'art pour l'art,
que la patiente pédagogie étatique a réduit en france
au dérisoire statut de la proclamation manifeste,
c'est le fleuron de la tautologie française, la manifestation même de son impuissance à créer. J'exagère ?
Voyez les Hérédia, les symbolistes et autres pâtures

de pédant de collège. Comme l'art, en france, ne sur-
git jamais de la vie, l'art pour l'art est le tombeau des
bonnes intentions françaises. N'est-il pas frappant
qu'en france un art qui réclame sa liberté soit par
définition encore plus « élitaire » et parisien que les
autres ?

Peut-être que personne n'y croit, à l'art, en france,
comme on dit qu'on ne croit pas en Dieu au Vatican.
L'art trouvera sa sanction ailleurs qu'en lui, dans la
proclamation d'intentions ou dans la mise en forme
des exigences sociales. Les apparentes contradictions
des théories politico-littéraires qui alimentent les
débats de l'élite, supposent toutes un statut « serf » de
l'artiste, considéré comme son mode naturel d'existence, puisque la culture est la civilisation de l'État.
S'il n'y a pas de « culture populaire » en france, si ces
deux mots mis ensemble jurent comme une mauvaise
plaisanterie, c'est parce que ceux qui se sont réservés
le brevet culturel et ont par là même décidé l'exclusion du vulgaire, se savent d'État, comme la Raison.
Leur tâche leur est assignée d'en haut, et ils se font
gloire de savoir résister aux appétits du commun,
quitte à exiger l'attention forcée du peuple. Ou à se
plaindre de son inculture.

Second en tous les genres

On parcourt l'histoire de la littérature française.
Deux grands moments, qui la jugent. Ceux qui, l'un
et l'autre, ont fixé pour longtemps les conditions de
son exercice. Celui de Richelieu, et celui des Goncourt. Les vrais « grands hommes » de la littérature

française, ce sont eux, dont le plumitif francophone d'aujourd'hui dépend toujours.

Certes, ils n'ont rien écrit dont vous vous souveniez. Mais ce qui compte, c'est qu'ils ont fondé des institutions, et quelles institutions! toujours en vigueur aujourd'hui.

Dans quel pays au monde un pouvoir central, spécialement fondé par l'État aux fins de surveillance de la langue et de la littérature, passe-t-il non pour un ordinaire bureau de censure, mais pour le monument le plus considérable et l'incarnation même de la fierté littéraire? Dans quel pays au monde tous les genres de l'art et des sciences ont-ils leur jury reconnu par l'État et chargé d'en faire la police, et où ces organismes aient pu concentrer l'adhésion des élites? Dans quel pays au monde ne peut-on dire Comédie ou Musique sans ajouter aussitôt : France-Musique, Comédie française, service de l'État? Dans quel pays au monde les meilleurs écrivains ont-ils accepté, que dis-je, intrigué pour obtenir le droit d'épurer leurs collègues au sein d'académies formées par l'État? Et dans quel pays au monde, enfin, ces mêmes écrivains en sont-ils venus à réclamer du jury, à en redemander au point d'en former eux-mêmes, sans que l'État les y contraigne, mais avec la bénédiction du pouvoir politique heureux de voir se généraliser ses mœurs? Bref, y a-t-il ailleurs qu'en france qu'on puisse trouver la panoplie absolument complète de la répression officielle en art, acceptée, plébiscitée par ceux qui font le métier d'écrire? Même si on peut en trouver ailleurs des signes épars, semés aux temps des perruques ou à ceux des avant-guerres, quand Bourget ou Morand faisaient pâmer les bourgeois de tous les pays, le système courtisan des prix, la généralisation des académies sont des atavismes français.

Parce qu'ils n'y sont pas seulement le décret vide d'un
fantoche, rôle auquel sont en général, de par le
monde, réduites les prétentions à l'art officiel. Mais
parce qu'ils témoignent au contraire d'un désir, d'un
besoin ressenti par les hommes de culture français,
anxieux tous d'obtenir ces fameuses lettres patentes,
délivrées en 1672 par le roi, et qui « font défense à
toute personne de faire aucune représentation,
accompagnée de plus de deux airs et de deux instruments, sans la permission écrite du sieur Lulli »,
musicien officiel du royaume. Besoin d'autorité, désir
que cette autorité soit confirmée par l'autorité étatique ; mais aussi demande d'être jugé, classé, appel à
l'autorité. La prescription idéale, c'est « tout rassem-
blement intellectuel ou artistique de plus de deux personnes est interdit, sauf autorisation expresse des
autorités intellectuelles et artistiques compétentes ».
Quant à la compétence, elle est indiscutable, puisque
ce sont les écrivains eux-mêmes qui l'établissent ;
Jean Edern Hallier finira à l'Académie française, et
la création littéraire se présente tout naturellement
en france comme une carrière dans les bureaux d'où
émane la voix de l'État. Pour « fonder » la culture, le
tout est de bien choisir les juges, et voilà comme les
écrivains français se retrouvent à faire la queue aux
portes des ministères. Je dis « écrivain », mais c'est
plutôt « homme à tout faire » culturel qu'il faudrait
mettre. Conséquence de la part qu'y prend la bureau-
cratie chargée de trier le bon grain de l'ivraie, la profession culturelle française est toujours plus administrative que productive. Étonnant non-sens de l'histoire littéraire française : la littérature française
n'est jamais là, comme un bloc erratique ou un
cyclone, elle est toujours en train de se fixer des
tâches, de déterminer des prolégomènes, de publier

des manifestes sur ce qu'il faudrait faire. On croirait en permanence entendre un commis qui se justifie de son incapacité à remplir les besognes assignées par l'État. Trois siècles, en france, de Ronsard à la fin du xviiie siècle, à la recherche de l'impossible épopée française ; puis deux siècles d'engagement à la recherche de l'introuvable peuple. Ou de l'introuvable science, ou de l'introuvable révolution.

L'épopée française : il paraît fabuleux, aujourd'hui, que des écrivains, et pas n'importe lesquels, les plus admirés de leur temps, n'aient eu qu'une seule préoccupation : honorer une vieille commande de l'État restée en souffrance. Plus encore, qu'ils aient pu sérieusement croire qu'on fabrique un chant national sur mesure, simplement parce qu'il en faut un pour compléter le tableau des arts en france. Les chants des pêcheurs grecs, le western sont source d'épopée, plus que ne le seront jamais les Henriades et Franciades réunies. On croirait le mot « épopée » inventé en français juste pour rendre impossible ce surgissement de la poésie au ras du texte.

La littérature la plus nationaliste du monde est aussi la moins nationale, la moins vécue par le peuple qu'elle représente. Les cultures nationales n'ont de force que quand elles se cherchent, ou quand elles éclatent. Elles ne sont émouvantes que quand elles sont elles-mêmes le lieu d'une unité en gestation, ou d'une cassure dans un système politique dominant. « Minorités nationales », unité allemande dans l'œuvre de Beethoven, identité juive chez Kafka, unité de l'italien au Quattrocento, ou chez Verdi, indépendance hongroise chez Lizt, construction des U.S.A. dans le western et le roman policier américains, le moteur des grandes passions culturelles historiques est toujours ailleurs que dans la simple complétude d'une nationalité depuis toujours dans ses meubles. Supposons que l'art se sente un peu ridicule et inutile à ne chanter que ce qui se passe déjà très bien de lui.

Incapacité épique : ce n'est là que la forme scholastique donnée par les professeurs français à leur incapacité comique, tragique, musicale, en fin de compte poétique. La france est restée coincée à l'âge ingrat des cultures, le classique, et ne s'en dépêtre pas. Pas assez jeune pour la poésie, pas assez brisée par la vie pour le roman. Inusable et sans grandes amours.

Il y a une incapacité classique de la france à être la matière de l'ordre qu'elle prétend imposer à la nature et au monde. Pas un grand poème, pas un grand dramaturge, pas une grande œuvre musicale et aussi pas un roman au sens plein, un Cervantes ou un Dostoïevski qui soit français dans la mémoire émotionnelle du monde. La culture française ne se concentre pas sur l'intensité d'un chant, elle ne se forge pas d'instruments d'expression, elle « occupe le terrain », le saupoudrant des spécialités recensées de pédants ou d'habiles faiseurs. Elle se disperse en permanence à vouloir compléter un « panopticon » culturel français, à vouloir représenter tous les genres d'une culture française idéale. Il est une formule terrifiante des enseignants sur « Voltaire second en tous les genres ». Terrifiante d'abord pour ce qu'elle a d'obscène comme style de jugement littéraire. Mais elle révèle peut-être un sens profond de la culture française : le « second » c'est celui qui surveille, par derrière, ou celui qui se donne l'air de fixer les règles du jeu. La culture française, qui ne compte aucun « génie », pour parler comme Lagarde et Michard, qui soit « le poète » comme Dante peut l'être, ou « Le Théâtre » comme Shakespeare, s'arrange tout de même pour que chacun soit convaincu, par ouï-dire et sans aller regarder de plus près dans des anthologies poussiéreuses, qu'elle a su parachever tous les arts.

La france est restée classique, et l'agonie de son histoire culturelle commence à Malherbe, Vaugelas, et la fin du mécénat privé avec la chute de Fouquet. Seul le roi, l'État seront désormais protecteurs et inspirateurs des arts.

On sait à quoi s'en tenir sur ces arts classiques voués à l'illustration de la gloire royale. Mais dans cet art universel et glacé, réduit à la visibilité absolue, art tout plan, comment ne pas reconnaître des constantes de la culture française depuis lors. Tout y est « visible », exposable à merci, sinon aimable : la culture française, son histoire littéraire sont épuisantes à parcourir, comme ces mortels musées français aux enfilades de salons dorés, où l'on vous mène à quelque mignardise Louis XV comme on donne une sucrerie à un chien. Elle lasse dès le premier abord parce qu'elle dit toujours la même chose à travers les révolutions superficielles ; elle manifeste continûment son incapacité poétique : les épopées, qui n'appartiennent d'ailleurs pas à l'histoire littéraire, mais à une autre, plus profonde, sont des collages hardis et brutaux de légendes antagonistes, des odyssées, des mélopées d'aveugle. Les Français, dans la classe littéraire, ce sont ceux qui trichent toujours, recopiant le livre du maître, ou gardant ouvert l'œil de la raison dans le colin-maillard de la poésie. Cela ne leur réussit pas : pour un Rimbaud si radicalement dégoûté de son pays qu'il n'y remit les pieds, pour un Sade à l'ombre sous tous les régimes et la plus longue partie de sa vie, que d'Auguste Comte et de Boileau, de Taine et de Gide, d'Aigle de Meaux et de Cygne de Cambrai enroués et illisibles. La culture ne vit pas de grandes passions en france parce que la sensibilité n'y fleurit qu'en pots, en échantillons. Le modèle de l'écrivain reste l'oranger de serre, comme à Versailles. Mais à cette époque, les autres cultures sont déjà des savanes, des brousses, des forêts vierges, des grand-routes vagabondes.

L'histoire littéraro-culturelle française rapetisse tout ce qu'elle touche. Aussi bien, de tous les écrivains dont nous allons parler, on se souviendra qu'ils sont d'abord créatures de cette histoire, substrat des sociétés savantes formées autour d'eux et non simplement textes. Car ils ont tous leurs textes mineurs, plus ou moins maudits, Zola ses dernières œuvres, Balzac ses œuvres fantastiques, Corneille ses dernières tragédies. Mais on ne cherche pas ici les réhabilitations dont la france culturée est friande. On y pointe l'essentiel : que tous les courants de civilisation s'y recroquevillent en phénomènes culturels. Ce qui vient des faubourgs, comme le punk, s'y transforme en salons, ce qui sort des nations en formation contre les vieilles monarchies, comme le Romantisme au siècle dernier, y devient nostalgie royaliste. L'histoire culturelle française, pesant défilé de mannequins sans voix, d'oppositions duelles en attitude commode, est faite de doctrines et de biographies, pas d'œuvres. Ecole classique, romantique, réaliste, naturaliste, symboliste, surréaliste ; ou stendhaliens contre balzaciens, Racine contre Corneille, Sartre contre Merleau Ponty, Voltaire contre Rousseau. Tout cela n'est qu'une vitrine pour culture commémorative, le récit d'une série de coups d'État entre culoreux sans graves conséquences. Pendant ce temps-là, dans les petites capitales des États allemands, dans les banlieues des grandes villes américaines, naissaient les textes et les musiques de notre temps.

Et le théâtre ? D'un côté l'univers-Shakespeare, ce battement du temps fait scène, de l'autre la petite mécanique des passions de la tragédie française, étiquetées et rangées en rang d'oignon, Phèdre aime Hippolyte qui aime Aricie, l'Honneur et l'Amour, leurs interactions univoques recensées, et les écoliers derrière les barrières d'alexandrins applaudissant le chef-d'œuvre officiel. C'est vrai, Racine écrivait pour les jeunes filles de la Légion d'honneur, pas pour les portefaix des cabarets londoniens. Mais lui et ses compères ne survivent guère que grâce aux matinées scolaires, où le public n'a pas le droit de siffler, ni de s'en aller.

Oui, j'en suis à ne plus supporter aucun des porteurs de bannières culturelles de ce pays. Et j'en viens à penser que l'esprit le moins prévenu ne peut s'empêcher de constater ce fait : la france est le lieu géométrique des impuissances artistiques, des baisses d'intensité littéraire. La musique des siècles passés est plus à l'Est, ou au Sud. La musique moderne, le roman, le cinéma, à l'Ouest. Et c'est bien parce qu'il y a la mer du Nord... Alors les Français se font souvent le reproche gourmand d'avoir trop de goût pour l'abstraction. Formule facile, et qui ne fait que reculer le problème : comment se fait-il que l'art le plus spontanément abstrait, celui précisément qui ne connaît comme faiblesse rhétorique que le recours au descriptif, la musique, leur soit aussi étranger ? Pas de grande sonate, pas de grande symphonie française. De la musique de cour ou de la bande-son de dessin animé (genre danse des squelettes). Pas ou plus de grands chanteurs compositeurs populaires non plus. Debussy reproche à Beethoven de « n'être pas littéraire pour deux sous ». La musique française ne cesse d'être ornementale ou descriptive que pour

devenir expérimentale. Jamais simplement musicale :
la prétention à la signification succède sans heurts à
la prétention à la représentation du réel. Quant au
fameux goût des Français pour l'abstraction, il ne les
a jamais empêchés d'être les traînards de la philosophie allemande. Il s'agit d'autre chose ; la peur de
tout langage émotionnel, la recherche systématique
des « bonnes doctrines » et l'utilitarisme artistique ne
vous poussent pas plus vers l'envolée métaphysique
que vers la sensibilité à fleur de peau. C'est l'esprit
français qui est desséché, aussi loin de sainte Thérèse
d'Avila que de la *Neuvième Symphonie*.

Ce que demandent les Français à tout art, c'est
qu'il soit enchaîné à un régime de signification
unique. Le texte doit « dire la vérité », la musique a
dû longtemps raconter la réalité. Finalement, on peut
toujours faire l'économie de l'un et de l'autre en
racontant l'effet qu'ils devraient produire. L' « abstraction » française, c'est l'ordre appliqué à l'ordre,
ça n'est jamais la toute-puissance de la forme musicale. « Est-ce que l'Europe centrale, l'Allemagne
n'appliquent pas à l'objet musical un souci d'organi-
sation, qui a une importance déterminante en france
mais s'y exprime de façon préférentielle, sinon exclusive, sous les espèces de la grammaire et des
recherches structurales, dans le langage et l'architecture ? », demande judicieusement J. P. Peter dans le
recueil déjà cité. Un Français préférera toujours un
ordre qui doit régir et punir, qui censure ou qui cana-
lise la foule, à l'ordre musical des intensités abs-
traites. Il ne verra précisément dans la musique allemande que rêveries d'illuminés, parce qu'il est incapable de ce premier pas de la sensualité musicale, ce
qui fait sa plénitude, d'être à soi-même sa propre
matière. L'ordre, en culture française, c'est la forme

imposée à la matière, le second temps du recul, la dictature du réel sur les pouvoirs de l'Esprit. Et surtout,
surtout, la lutte pour ne pas se laisser entraîner. Et la
musique française d'aller de querelles de doctrines en
questions de méthodes, pendant que la france reste le
pays où l'on ne chante pas. Leur musique est officielle, queue de pie des concerts, elle n'est ni dans les
rues ni dans les cœurs et quand elle est dans le poste,
comme les tubes populaires, elle est hors musique.

Trop bas ou trop haut : les quatuors, les sym-
phonies, les opéras italiens, le jazz, le rock, tout cela
est passé au-dessus ou en dessous de la france sans
s'y arrêter. Les Français ne connaissent de musique
que celle qu'on met en fond sonore, musique de super-
marchés et d'aéroports ; ils ne supportent pas qu'on
la mette « fort », la musique, parce qu'ils n'y croient
pas, qu'ils ont le cœur sec et craignent de le montrer.
Ils pensent qu'aucun art ne mérite d'être vécu émo-
tionnellement, surtout pas la musique, dangereuse
chimère de têtes dérangées, dont l'existence est à
peine prouvée. Quand la france cause, la musique
s'arrête.

Politique de l'auteur

D'un pays qui avait su couvrir le bruit de l'océan
musical, transformer le théâtre en alternance de trios
tragiques et comiques, on pouvait tout attendre, tout
craindre quand il s'attaquerait au roman.

La curiosité du jeu littéraire français, c'est que tout
y est fossile en naissant. L'inscription dans la culture,
un bien vilain nom pour une bien vilaine chose, c'est

la momification avant même la conception. Jack London est-il « culturel » ? Et Elvis ? Et Chase ? Mais Saint-Saëns, Chénier, Valéry Larbaud, oui. L'idée que le texte, la musique, l'art sont des objets de savoir, se goûtent comme des poisons avec la conscience critique d'un mithridatisé par Descartes, n'est pas, on s'en doute, particulièrement favorable à l'effusion romanesque. Ce qui avait fait le malheur de la france à l'âge classique devait faire son malheur au temps du roman moderne. Cet arrachement systématique des créations ludiques ou artistiques à leur immédiateté, cette transformation de toute lecture en bibliothèque, ces piaillements effarouchés devant le monde, ces ricanements de lunettes, ces pincements de lèvres, tout ce qui fait le sel de la culture française a émigré des sorbonagres aux critiques littéraires, ces piliers de la littérature française au xixe siècle.

La francité, c'est l'art de n'être jamais moderne, même en son temps (la culture française « fut » toujours grande). Dans les deux derniers siècles, le traitement qu'a subi le roman lors de sa mise en bière au caveau culturel français est une cérémonie funèbre. Guère plus visités que par des écoliers frigorifiés sous la conduite de gardiens-professeurs à la barbe moisie, les Stendhal, les Flaubert dorment aux côtés des Bordeaux, des Mauriac, des Malraux.

En matière de roman français, il y a beaucoup à apprendre des Goncourt, qui sont, après tout les meilleurs écrivains français, puisque c'est en leur nom qu'on les choisit encore aujourd'hui. Voilà bien l'idéal du littérateur français, ces deux vieux garçons collectionneurs de chinoiseries ; et leur *Journal* est la plus complète des introductions à la vie littéraire française moderne. Dire du mal de sa bonne, avoir le « chic artiste » et la frivolité du notaire, les drames de l'enfant gâté ou du (futur) intellectuel de gauche, tout cela qu'offrent si complaisamment Edmond et Jules à l'admiration des contemporains est en effet devenu autant de directives pour les petits Français littérateurs. Tout grand romancier n'est pas forcément un grand voyageur, mais il y a dans les écoles du roman français moderne (car, ne l'oublions pas, les Goncourt furent les chefs de file du roman naturaliste) une odeur de renfermé qui prend à la gorge. Oui, une littérature de vieux garçons : littérature amère comme une potion, littérature d'une culture qui a mal au foie, littérature-jaunisse.

Cette littérature-là n'enivre jamais, qui est si préoccupée de sa place dans le monde social, elle se délivre sur ordonnance (car les Goncourt sont les renouveleurs de l'idée balzacienne d'une littérature scientifique, médecine ou diagnostic de la société).

L'histoire du roman français est l'histoire d'une science de l'architecture sociale, ou du comportement (au sens psychologique). Les précieux, au xviie siècle, passent sous le rouleau compresseur classique ; à l'époque où les Quichotte et les héros picaresques déferlent sur l'Europe, il n'y a presque pas eu de roman français ; Sade et Genet, les duettistes de l'écrivain maudit, servent d'enfer à un fond de roman social et psychologique, qui est l'ossature de la civilisation francophone en ce domaine : et l'estime portée par Marx à Balzac comme analyste social en dit long sur l'unité des ingénieurs sociaux, au-delà des divergences politiques.

Si l'on admet que le mouvement romanesque est une suite de conjonctions, et non un rayonnement à partir d'un point fixe (évidence qui laisse toujours les Français pantois), la faiblesse de la création romanesque française apparaît tout de suite. Elle manque d'évé-

nements, comme on manque de sang. Elle s'acharne à
reproduire le réel en traçant des familles, comme
Zola, en composant des sociétés comme Balzac. Mais
elle ne produit presque jamais le flux vital du hasard
qui est le sang des autres romans, elle contemple l'au-
berge espagnole où l'imagination libère les rencontres. Le Paradise City de Chase, aussi bien que le
Sud de Faulkner ne sont pas des maquettes de
société, ou des arbres généalogiques illustrés. Ce sont
des morceaux du monde encore tout chauds, frémis-
sants. Le voyage du roman espagnol ou anglo-saxon,
sa violence non contenue (car les Français sont toujours fiers d'une « violence contenue » invisible), le
voyage sur place des héros du roman russe sont des
mouvements romanesques. Littérature de vagabonds
et de cinglés, quand le romancier français est un ingé-
nieur des âmes ou un pseudo-architecte social. Le
roman français, qui a mis le romancier « au centre »,
comme le gardien dans la tour de contrôle de la pri-
son, ne s'est voué qu'à une seule tâche : l'espionnage
et la description minutieuse, au bouton de redingote
près, de la bourgeoisie la plus plate et la plus ingrate
du monde et du peuple le plus alcoolique du monde à
titre de décor naturaliste. Cela peut lui donner parfois l'intérêt un peu effrayant des tératologies. Mais
de soulèvement proprement romanesque, pas vraiment. De Balzac à Mauriac, au nouveau roman, on
ne sort pas de l'étude familiale, de l'étude de notaire,
de l'étude de mœurs, de l'étude psychologique, on
n'en finit jamais d'étudier, y compris bien sûr le texte
lui-même. Analyse des sentiments chez Stendhal,
pathologie sociale chez Balzac, fonction de l'hérédité
chez Zola, ce sont là titres qu'on dirait prévus par les
écrivains eux-mêmes pour les futures thèses médico-
littéraires sur leur œuvre. Mais le vrai romancier est

séducteur, et non fabricateur de futures citations. Le moteur de la recherche scientifique fonctionne chez Zola ou Stendhal (sciences physiques ou analyse empirico-psychologique) comme l'impératif de la raison dans l'œuvre classique. Tous les romanciers français, même dans le cas limite de ce juif qu'est Proust, sont piégés par leur rôle, « rendre compte » de la société et des mécanismes de l'âme, par leur fonction, remplir un plan scientifique élaboré dès le début de l'œuvre. Balzac écrit pendant plusieurs décades les litres prévus de la *Comédie Humaine*, Zola remplit les cases vides de la famille Rougon-Macquart, et Proust s'épuise à rendre compte du passage entre l'avant et l'après 14. C'est toujours l'œuvre d'une vie, alourdie de toutes les totalités du vieillard dès sa naissance, que se propose l'écrivain du roman français.

Les romans russes, anglo-américains, allemands, espagnols, sont des initiations, des expériences en grandeur réelle ; le roman français est *in vitro*, c'est la littérature des médecins et des administrateurs du pouvoir bourgeois comme l'ancienne l'était des courtisans. Les Français lisent Balzac, quand ils le lisent, avec un soupir et le sérieux d'étudiants perpétuels de l'histoire sociale française. Les hispanisants lisent Cervantes, les Anglo-Américains Dickens, les Russes Dostoïevski pour souffrir, pour être heureux, pour crier et pour aimer. Il n'y a pas de sensation généreuse dans le roman français parce qu'il table toujours sur le « bien rendu », qu'il se fixe comme but l'achèvement d'une tâche nationale et culturelle, l'espionnage de la société par elle-même.

Toutes les discutailleries françaises sur le rapport roman-réalité ne font que souligner l'absence fondamentale de liberté romanesque dans le pays le plus protectionniste du monde. La libre circulation des événements ne peut qu'amener un malheur : quand la liberté romanesque de Mann, de Nabokov ou de Tolstoï c'est le refus de considérer qu'il y ait entre la réalité et le roman un rapport métaphorique, le roman français est toujours la métaphore d'un monde hexagonal, son modèle explicatif. Il ne craint que l'« élémentaire », le non-analysé (élémentaires comme ces vents, marées, sables et toundras qui sont si souvent les vrais héros du roman). Il exige de l'organique, du constitué, de l'anthropomorphique. Alors, et c'est le fruit d'une « politique de l'auteur » menée de longue main, le romancier français est espion de la psyché (Stendhal), flic (Balzac) ou assistante sociale (Zola). Si l'Auteur tient une place si considérable dans le souci littéraire français, au point d'évincer ses personnages, ses textes, c'est parce qu'on peut le rendre responsable de ce qu'il crée, on peut lui reprocher de mal rendre compte. Il a un devoir à remplir, justifier la réalité.

Politique de l'Auteur : un moyen remarquable d'impuissanter le texte, qui n'est plus que la personne de son écrivant. Aucun écrivain français ne pourrait dire comme Virginia Woolf : « Je m'étends comme de la brume entre les personnes que je connais le mieux [1]. » Ils sont toujours, les auteurs français, « à l'origine », au centre de leur texte : qu'ils commencent par Dieu, la Société ou la description de leur stylo, il leur faut tenir le bon bout. Mais on se souviendra que *La Célestine* et *Lazarillo de Tormes* sont des anonymes, où se créent le théâtre moderne et le roman picaresque. Il est vrai que ce sont histoires de maquerelles et de bordels, de mendiants et d'enfants. L'idendité de Shakespeare est comme celle d'Ho-

1. Cité par Gilles Deleuze et Claire Parnet, *Dialogues*, Flammarion, 1977.

mère : les mythes de leurs propres textes. En france,
on suit de l'auteur au texte, on s'y souvient toujours
du nom du littérateur avant celui du héros romanesque. Moll Flanders, Don Quichotte ont presque
effacé les écrivains qui les ont créés. Mais en france,
une créature de fiction s'efface toujours derrière son
auteur, comme l'actrice ou l'acteur derrière le metteur en scène. Faute de comprendre quelque chose
aux mystères de la fiction, les Français, suivant la
jolie remarque de Cocteau, feignent d'en être les
organisateurs.

Le roman français s'éreinte à se donner le poids du
réel, se tue à se vouloir mettre à l'origine des choses.
Pour reprendre une comparaison connue, la littérature française est faite d'arbres, de hiérarchies orga-
nisées, la littérature anglo-américaine est « comme
l'herbe », elle « pousse entre ». Elle donne la réalité,
non son hypothèse.

La désillusion de la littérature française est à la
hauteur de ses ambitions : aigrie par le sentiment de
la distance entre le but qu'elle s'est fixé, la catholicité
française, et le divers historique, elle est la littérature
de l'impuissance quotidienne. Noyau absent d'une
culture ossifiée, la littérature française rechigne au
roman, celui qu'on lit la nuit dans les gares, qui vous
emmène avec lui dans le fracas des roulements. Elle
sait que le peuple n'a avec elle qu'un rapport de défé-
rence formelle, que les Français respectent des
auteurs et ne lisent pas de textes. Elle ne sert qu'à
garnir le garde-meuble national, parure prétentieuse
d'une société bloquée. Le cafetier du coin, qui dresse
son chien contre les Arabes, est fier de la littérature
française qu'il ne lit pas : elle a les horreurs du pouvoir sans ses profits. Frivole, parce qu'elle ne croit
pas à ce qu'elle fait mais seulement à la dure loi de la

réalité, la littérature française ne tire sa force que de
ses rapports d'illustration ou de complicité avec le
pouvoir politique. Restaurateurs illusoires de
monarchie, comme Balzac, ou faiseurs de révolutions
en imprimé. Peut-être parce qu'elle manque elle-
même de « pouvoirs », des pouvoirs magiques ou
maléfiques de l'évocation ; et elle ne subsiste que
grâce au quiproquo qui la fait passer pour un pouvoir
social, dont elle a toutes les tares sans l'efficacité.

Solliciteurs du sens

Culture essentiellement référentielle, la culture
française hésite devant cette simple présence où le
roman se donne source. Elle a toujours besoin de le
légitimer (Balzac légitimiste, l'étude de la mémoire
légitimant les variations proustiennes). L'usage de la
référence lui est si co-substantiel qu'elle ne peut supposer un texte qui ne soit un « genre », assignable à
un temps historique. Or le roman n'est pas un
« genre », pas plus que l'épopée : en ces matières,
c'est celui qui dit qui y est, c'est celui qui se donne le
nom qui a perdu. Un texte français se « place » toujours comme un courtisan sur le passage du roi, il
étale complaisamment sa généalogie. Il ne commence
jamais « au milieu », en plein, et quand il dit « il était
une fois » ou « la marquise sortit à cinq heures », c'est
avec le sourire écrasant de l'étouffeur spécialisé en
« littérarisation » des légendes, ou comme l'exercice
de style d'un élève de Lanson. Solliciteurs d'un sens
royal, univoque, les écrivains français font remonter
le texte à une cause première, à un ancêtre fondateur,

à la volonté de l'auteur et à ses (bonnes) raisons historiques. Les écrivains français sont volontiers, comme Mérimée, conservateurs des monuments historiques ou, Flaubert, conservateurs des hypothèques, ils aiment les professions où l'on engrange et tient les comptes. Faire œuvre littéraire ici, c'est reprendre tout du début, du début de la tradition, pour qu'on puisse vérifier la provenance et l' « authenticité ». Le texte français, déjà tout prêt pour l'analyse, solliciteur du sens, soigneusement truffé de noires petites références, est toujours « littéraire », avec ce que cela suppose de volonté de s'intégrer à une lignée historique et de demande de reconnaissance des services passés.

La culture française est surtout littéraire, mais cette royauté-là ne l'a pas enrichie. A la supériorité de l'écrit sur l'oral (l'écrit est tellement plus facile à vérifier, à tripatouiller, à recenser et censurer) répond à l'intérieur de l'écrit la hantise policière de l'enregistrement, du classement par inscription. Dans ce monde-là, mieux vaut être critique que créateur. Car le texte français se précipite chez son analyste avec une telle foi qu'il semble en vivre, de l'interprétation. Il y a toujours « à dire » sur le texte en francité, il est même là pour ça, pas pour prendre la parole mais pour qu'on étudie son cas. Il y a toujours un claquement de bec derrière chaque ligne française, un hochement de tête à chaque page. Le critique, l'historien littéraire, est entré le premier, tapi dans le livre avant même qu'en soit écrit le premier mot. Il est le tiers logique et nécessaire entre l'auteur et le monde, celui qui rassure l'auteur sur sa présence au monde, qui assure la pérennité de l'œuvre et qui d'abord témoigne que c'est une œuvre, du littéraire, enfin ; mais qui en même temps rassure d'un clin d'œil

le salon effrayé : après tout ce n'est que de la littérature.

La tradition critique française, spécification réciproque du critique et du traditionnel, a dépecé la
musique, et elle a fait de la littérature un monde sans
vibrations ni radiations, la chambre d'enregistrement
d'une société close. Elle a remplacé l'exubérance
végétale du texte par l'architecture de ferraille d'une
grammaire où cliquètent les mots. Il n'y a jamais de
quoi s'émouvoir sans freins, avec elle. Elle ne prend
pas une ride, cette incarnation de la culture nationale, parce qu'elle a des tonnes de fard sur la figure
dès les origines.

Littérature française : peut-être maintenant voit-
on mieux ce que le mot suppose. En dépit des gon-
flages artificiels, l'essentiel dans ce paradis des bro-
canteurs et des anthologistes est l'énorme, la monu-
mentale littérature de l'égocentrisme, de l'analyse, du
fouille-merde. Le bataclan d'essais, de mémoires, qui
est la vraie mine des imprimeurs français, recrute ses
grands hommes dans les retraités de la politique.
Chateaubriand, Malraux, Régis Debray, le monde et
moi. « Cet édifice magnifique, que nul autre peuple
n'avait songé à entreprendre, d'une littérature d'essais, d'études, de prose abstraite... était comme les
fragments d'une maquette générale dont chaque
œuvre, chaque auteur aurait été une pièce particulière », écrit ironiquement Jean-Pierre Peter à propos
de la rencontre imaginée entre le Japonais Mishima
et la culture française [1]. Nul autre peuple n'a en effet
songé à l'entreprendre, parce que ça n'intéresse personne, cette littérature de mégalomanes qui veulent
tous expliquer l'homme à partir de leur propre

---

1. « L'Elision du tragique » in *Qu'est-ce que la culture française ?*

exemple. La littérature française, ce doublet inutile du monde, n'en est que le parasite sourd et aveugle, la veuve de ses expériences vécues. Elle n'est jamais au sein du monde, comme un enfant ou un cancer. Elle est esclave des professeurs et des critiques, quand ils ne la font pas eux-mêmes, elle est la boisson hygiénique de l'esprit français, grand amateur d'eaux minérales, qui sont la bénédiction des bilieux, et elle a à peu près autant de saveur qu'elles. Littérature psychologique ou littérature engagée, médication de l'âme ou du corps social, la littérature française a les mains froides. Et, en france, artificiel monument d'érudition, et ne se soutenant que du jeu avec cette artificialité, le texte décidément n'est que littérature.

Défense de la langue

En france, où l'acteur est soumis au metteur en scène, l'oral à l'écrit, le créateur au critique, la créature à l'auteur et le texte à la littérature, il est au-dessus du petit monde agité des hommes de la culture une puissance supérieure, la consolatrice et l'intercesseur capable de compenser toutes les faillites de l'art, et cette puissance supérieure, c'est la langue, le français.

Ne touchez pas à la langue. Là, tous les partis culturels français se réunifient. Article de foi : même si tous les textes écrits dans cette langue en sont indignes, elle demeure, souveraine. Dans tous les autres pays la langue sert à s'exprimer. Ici, l'on s'exprime pour avoir l'occasion d'utiliser les beautés de la langue, pour en prouver les ressources. La langue française, c'est l'argenterie des grands jours tous les soirs de la semaine, l'occasion d'humilier quelque rastaquouère. La littérature française, fragile étagère de bibelots, n'est là que pour attester du génie du langage qui les a produits. Ne touchez pas à la langue, matricide! Doué de la rigidité du congélateur, le cadavre linguistique français est cerné de défenseurs obstinés. La défense de la langue est devenue l'obsession d'un peuple.

Assurément, il est très difficile de parler du français, en français de surcroît, pour en dire ce qu'il serait réellement. La plupart de ses « qualités intrinsèques » en tant que langue, la précision, la clarté, etc., si elles n'apparaissent certes pas au premier coup d'œil, passent pour vérités admises, par tradition, pour évidence de naissance. Il n'y a pas à « prouver » la clarté du français, pourtant si incompréhensible à la plupart des étrangers auxquels il semble en général, à l'usage, le comble de la complication.

Mais au moins peut-on savoir facilement quels espoirs, quelles revanches, quelles aspirations entourent la langue en france, en font un objet privilégié des discours nationaux.

Etre fier de sa langue au point et dans les termes où le sont les Français, quand rien ne la menace dans son existence politique (sinon, à l'extérieur, la fin d'une « prédominance » fictive, occasion pour d'autres langues d'éclater et de se croiser), c'est inverser systématiquement les relations d'intensité de la langue au texte. Les langues écrites « riches » fonctionnent en faisant foisonner les sous-langues, en créant pour chaque pulsion un vecteur nouveau. Le français comme langue remonte au contraire le cours des faits, régente le réel, le « décide » à la mesure de la possibilité de sauvegarde du patrimoine d'expression.

Car le patrimoine linguistique français, c'est d'abord la conservation, moins des mots et des tournures (le français évolue quand même), que de l'esprit même de défense de la langue. C'est d'abord un geste qui repousse, le parler ou l'écrire français.

L'emberlificotage proustien, dont je ne suis pas forcément un admirateur (ah, les dévotes proustiennes de la littérature française actuelles) a eu du moins cette qualité essentielle : Proust avait tordu, vrillé, allongé le français au point de l'avoir rendu presque méconnaissable. On sait bien qu'il lui fut vertement reproché de l'écrire mal, au point qu'il dut commencer à compte d'auteur. Céline et Proust, deux pavots dans les blés mûrs de la belle langue française. Épis d'une beauté stricte, et non beauté du diable, cela va de soi.

Aucun peuple n'a déifié sa langue comme l'ont fait les Français, au point d'être les victimes volontaires de ce Moloch insatiable, avaleur d'émotions et de vitalité. Les Français en arrivèrent très tôt à ne plus oser éprouver les sentiments que leur langue réprouvait comme inexprimables ou indignes d'expression. Comme l'a très bien montré Sartre dans *Les Mots*, les Français ne vivent pas avec leur langue, mais dans sa dépendance, toujours inquiets d'en bien respecter les volontés tortueuses, émerveillés par son arbitraire.

D'autres, les Italiens, par exemple, sont fiers de leur langue, mais ce qu'ils aiment en elle c'est sa souplesse, sa musicalité ; les Anglo-Américains vantent son empirisme, son inventivité. Les Français sont fiers d'avoir une langue dure, hostile, hérissée de barrières grammaticales.

Les autres peuples usent leur langue, ils font l'amour avec, ils en trafiquent. Les Français la respectent, la conservent, ils n'y touchent pas, ils la portent comme une châsse ou une croix.

Sa « richesse » a la lourdeur des objets du culte ; certes, elle « dispose » d'un gros capital de mots, mais elle ne l'aventure guère. Plus riche en principe que l'anglais, elle est dans la conversation quotidienne bien plus pauvre, en ce que son trésor est cadenassé de difficultés d'emploi, d'ignorances et de peurs de se tromper.

Ce que les Français appellent « utiliser la langue », c'est faire prendre l'air à quelques pièces de la collection linguistique. Tout écrit y est l'exposition partielle, et par roulement, de la langue comme fond (le fond d'une bibliothèque). Langue-structure, et non langue-usage ou langue-passion, la langue française est un grand monument mortifère et glacé dans lequel on se tient avec décence.

Langue « politique », langue de l'État, codifiée par lui depuis la plus haute antiquité littéraire, langue d'oraison funèbre, de discours de comices agricoles, langue de curés et de généraux académiciens, mais aussi langue des médecins voltairiens jetant leur gourme et des froids théoriciens du sacrifice politique d'autrui. Le curé-soldat qui l'institua, cette police de la langue nommée Académie française, reçut des candidats-écrivains la profession de foi suivante : « nettoyer la langue des ordures contractées dans la bouche du peuple, ou dans la foule du palais... ou par les mauvais usages des courtisans ignorants, ou par l'abus de ceux qui la corrompent en l'écrivant [1] », tel

---

1. Projet d'établissement de l'Académie française adressé par les premiers académiciens au cardinal de Richelieu. Cité par Jean-Paul Aron, O. C.

est le premier but des quarante. L'idée qu'une langue ne s'use que si l'on s'en sert, et que s'en servir doit être autorisé par l'État, n'est pas qu'un fantasme de dictateur. C'est pour les Français vérité d'évangile. Parce que la représentation que les Français se font de leur langue (clarté, distinction, etc.) ne « supporte » pas la promiscuité, l'acte même qui semble « fonder » une deuxième fois la langue établit cette fondation sur la supériorité du distingué sur le vulgaire.

Dès lors, il ne s'agit plus de « psychologie de la langue », domaine évanescent et dans lequel les mythes nationaux s'en donnent à cœur joie, mais d'intentions délibérées, soutenues par la masse des utilisateurs de la langue. S'il est une décision du pouvoir royal encore populaire et respectée aujourd'hui, c'est bien la fondation de l'Académie.

Les vrais héros de la langue française, ces surgés de collège poursuivant d'une haine tenace les élèves trop doués, ce sont les Malherbe, les Vaugelas, les Boileau, l'école de la critique littéraire au XIXe siècle. Ils n'ont cessé d'affirmer la supériorité de la parole sur le son et l'image, de l'écrit sur la parole et de la grammaire sur le texte. Duhamel écrit encore en 1930 : « Je donne toute la bibliothèque cinématographique du monde, y compris ce que les gens du métier appellent pompeusement leurs " classiques ", pour une pièce de Molière... » Depuis la francité a fait des progrès : elle a fait *aussi* des bibliothèques de cinéma, elle a institué des critiques, des jurys en cette matière. La domination langagière du français s'est étendue aux arts de l'image animée, comme elle s'était étendue à la peinture. Il peut bien y avoir maintenant une littérature cinématographique comme il y a eu une peinture « littéraire » (exécutée

par « intention », mieux racontée par des Diderot, des
Baudelaire, dans leurs « Salons », que dans les toiles
mêmes). Et c'est sans doute Malraux, avec le cinéma
le plus déclamatoire au monde et son « musée imaginaire », qui a porté à la perfection les deux genres.
Honneur aux ministres littérateurs qui n'ont qu'à
paraître pour que les arts de leur pays se mettent au
garde-à-vous.

Langage, langage, langage. La peinture comme
langage (depuis les impressionnistes, c'est une tarte à
la crème française). L'inconscient langagier des surréalistes. L'image n'est que l'illustration du discours
comme le discours l'est de la langue. Les Français
sont tellement convaincus qu'il y a derrière chaque
art un langage, une grammaire, qu'ils ont fini par lâcher tout bonnement, par la voix d'un de leurs prêtres
les plus distingués [1] : « L'inconscient est structuré
comme un langage. » L'histoire ne dit pas si le maître
a précisé que ce langage était le français, la chose va
d'elle-même.

Une fois le « langage » maître de toutes les situa-
tions artistiques mais capable d'une seule forme d'expression (il ne peut tout de même que « parler sur »
les autres arts, et non les remplacer tout à fait), une
fois la musique et l'image domptées par la parole, le
feu de l'artillerie française se concentre sur cette
parole même, pour en extirper les hérésies de la
chair, de la beauté sensuelle. Il faut en corriger l'inévitable inflexion vers les plaisirs du non-signifiant,
vers le chant. La langue se parle, elle ne se chante
pas. La langue française est « parolière », elle ne se
module pas, elle se récite. Elle n'éprouve pas, elle
s'embarrasse parfois mais vise à l'impartialité des

1. Un certain docteur Lacan.

juges d'instruction. Si fleurie pour la politesse, si dis-
crète en amour, la langue française se conduit comme
une personne bien élevée. Elle ne vibre pas sous le
palais, elle ne roule pas dans la gorge, elle ne se tord
pas en spasmes ni en orgasmes.

Il y a une non-plasticité de la langue française, qui
n'est certainement pas due seulement à sa plastique
elle-même (goût des syllabes fermées, ignorance de
l'accentuation tonique), mais aussi au refus de voir
dans la langue la source d'un plaisir autre que parolier, intellectuel. La parole dont il est question en
france, quand on fait allusion à la supériorité du
parolier sur le musical, la parole commentatrice, n'est
pas plaisir de la phonation, mais retraite dans les
joies ineffables de l'esprit. Quand un Français parle,
ce n'est pas pour éprouver mais pour éclairer.

Plongeons au plus profond de cette relation parolière, discoureuse, anticharnelle du Français à sa
langue. Il est pour beaucoup d'étrangers une caractéristique érotique française, dont justement ils n'osent
guère parler : les Français font l'amour silencieuse-
ment. Eux qui parlent beaucoup sur l'amour ne le
disent pas, ne le font pas avec la voix. Ils se taisent en
serrant les dents. Le seul plaisir amoureux de la voix
qu'ils connaissent, c'est l'avant ou l'après, ou le
genre amoureux transi. Pour eux, chanter pendant
l'amour ces caresses verbales, ces poèmes du corps
qui reviennent dans la bouche des autres peuples,
c'est le comble de l'obscénité. Silencieux, « contenus », fébriles, ils savent trop bien leur langue coincée
de ce côté-là. Ce sale petit secret de l'érotisme français, à ranger à côté des chaussettes qu'on ne change
pas et autres charmantes habitudes locales, quel rapport insensé ne suppose-t-il pas entre le parleur et sa
langue ? Faut-il que son usage panique et blesse,

pour qu'elle ne puisse servir au seul moment où la surveillance se relâche !

Parce que personne en france n'est amoureux de la langue, l'amour à la française est un film muet, mais qu'on peut toujours se repasser en le commentant. Il est muet parce que leur fameuse « parole » est incapable de tordre de plaisir les mots, qu'elle attend que ça se passe.

Du bon usage

Les satisfactions frigides que les Français éprouvent à subir la loi de leur langue, l'austère beauté qu'ils trouvent aux rondelles hémistichéennes du découpage alexandrin, sont bien du même ordre que celles que leurs ancêtres tiraient du récitatif musical : faire prose partout, même en poésie.

Si la musique française a défendu le récitatif jusqu'à son dernier souffle (la querelle des bouffons et la victoire de la musique italienne avec Rousseau), c'est par respect de la pompe langagière. Théramène, maître de nos jeunes années, continue de dicter à travers tous nos arts la même règle d'école : l'événement ne se dit, ne se montre ni ne se vit, il se raconte. Après la pluie de l'action, le beau temps du dire. La langue française n'est bien faite que pour l'improbation et l'approbation. Elle incarne la supériorité de la prose raisonnable de l'observateur sur la flûte enchantée des passions. La finesse française, la langue contre les dents, n'émet que des clapements et des sifflements. Parler le plus en cul-de-poule qu'on puisse entendre chez l'humain, avec son « u » inimitable et inimité.

Oui, la passion se prononce mal en français. Langue inflexible, puisque la façon même de la dire suppose une archéologie du savoir-prononcer, et que la dire autrement, ce n'est pas peser sur l'expression, la rendre malléable ou la faire évoluer, mais fauter. Langue de bois qui transforme l'émotion en une géométrie de phrases chevillées, et aime à montrer en toute situation un sang-froid dominateur. Ce n'est certes pas un Français qui eut pu écrire, comme Mozart, en indication de jeu : « La parole doit être la fidèle servante de la musique. » En français, la musique n'est même pas servante de la parole, elle en est une déduction prolongée. Langue « incantable », qui fait toujours à l'oreille un bourdonnement déplaisant et surprenant quand elle accompagne la musique : le chanté est si spontanément italien et allemand pour l'Opéra, anglo-américain pour la musique des juke-boxes.

Le très curieux rapport que les Français établissent entre la langue comme matière verbale (la «prononciation ») et la langue intouchable immatérielle, la vraie langue, l'écrite, fonde leur façon de se situer dans la hiérarchie de l'expression. D'abord, on a affaire dans la seule connaissance du français à deux sciences distinctes : on ne prononce pas ce qu'on écrit, puisqu'on écrit exprès des lettres qui ne se prononcent pas. Il faut un code supplémentaire pour passer de la langue orale à la langue écrite, mais cela ne dispense pas de partir de la langue écrite, de commencer par « ce qu'il ne faut pas faire ». La prononciation française est le cauchemar des étrangers, d'abord parce qu'elle est pauvre en dominances passionnelles, qu'elle ne fait pas un « bruit » rythmé ou coulant, et ensuite parce qu'on apprend à la prononcer en luttant contre les pièges de l'écrit. Langue désillusoire, dont la prononciation même est une science à férule. Le grand jeu français ce sont ces foules de mots imprononçables, qu'on sait n'exister qu'écrits, mais dont il y a pourtant une bonne et une seule prononciation, ce sont les consonnes finales non dites. On comprend l'insensibilité des écoliers étrangers aux splendeurs du verbe de Molière.

Cette science abstraite, qui fait du parlé à partir d'une écriture immodifiable, donne lieu à quelques bizarreries réjouissantes : en France, on se met à prononcer les consonnes finales des mots, comme certains milieux de l'avant-guerre, parce qu'on affirme avoir retrouvé la bonne prononciation. Dire le français devient un exercice culturel. Car la prononciation, avec tout ce que le mot français a d'articulations, c'est ce mouvement rétrograde de l'énoncé au devoir-prononcer. Alors que la plupart des langues se prononcent tout simplement comme elles s'écrivent — n'écrivant en tout cas que du prononcé — les Français sont persuadés que tous les idiomes sont « imprononçables », parce qu'il n'existe pas chez ceux-là de « juste » prononciation, mais la ou les ensembles inséparables d'écrit-prononcé.

Tout se passe comme si le Français disait son texte d'un second mouvement, en l'ayant répété d'abord sans prononciation. L'invraisemblable fossé du français oral au français écrit, mais aussi l'assujettissement total de l'un à l'autre par des règles d'une pesanteur et d'une complication inégalées, bien loin de constituer des archaïsmes, sont des phénomènes en pleine croissance. Les Français pensent sans doute « enrichir la langue », par cette accumulation de vestiges d'histoire conservés ou reconstitués, traîne alourdissante et muette de tout le langage. A l'époque où les langues éclatent, écriture ou parler, en blocs hétérogènes, à l'époque où les Grecs suppriment la différence entre le démotique et l'écrit classique, quand même les Allemands ont renoncé au gothique, les Français semblent accumuler les serrures autour du coffre-fort linguistique. Ils ne cessent d'ajouter des codicilles au testament académique, qui certifient un détail de la volonté du défunt, « rétablissent » une prononciation ou une graphie.

Le rapport langue écrite-langue orale fonctionne en français d'une manière à la fois compliquée et exclusive. Le français est difficile à parler parce qu'il faut le passer à la moulinette d'une prononciation savante et piégée, mais il est impossible de ne pas le parler tel qu'il est péremptoirement décidé. Le français écrit n'a pas laissé se développer à ses côtés un concurrent oral, comme cela se produit ailleurs, qui aurait pu un jour menacer sa suprématie. Le jeu complexe de sens interdits et d'exceptions, qui bloquent le libre jeu de la bouche et font de la phonation un exercice d'articulation, les lois écrites de la parole française, peuvent changer. Le serpent de mer de la « réforme phonétique » peut ressortir de temps à autre. Il ne s'agit toujours, à travers les instituteurs, que de décider d'État comment cela se dit. Mais tout changement vise d'abord à rétablir un « vrai français », à éliminer les prononciations vicieuses, comme les réformes grammaticales, à éliminer de la langue une tournure vicieuse (trouver le vice dans une formule du langage, faut-il être puritain). Mais le double système langue écrite-langue orale, en france, interdit à une nouvelle langue, d'abord orale puis écrite, d'apparaître, et colmate les fissures dans la langue dominatrice au fur et à mesure qu'elles se créent. Le français change (pas tellement d'ailleurs) mais il change avec le sentiment continuel du retour aux sources, avec la certitude qu'il se rapproche plus de l'état antérieur, le bon temps de la langue.

Langue mandarinale, mais où le présentateur de télévision et le crémier sont mandarins aussi, où tout parleur est un écolier ou un maître (la conversation française est faite pour bonne part de vérifications de ce genre : comment cela se dit-il ? Et quel sens au juste a ce mot ? C'est le cours du soir généralisé).

En français, ou ce qu'on appelle par antiphrase « le bon usage », n'est le plus souvent précisément pas l'usage, car il n'est pire défaut que de « se laisser aller ». Corset orthopédique, le français, paraît-il, vous oblige à « penser droit ». Du moins vous en donne-t-il l'impression, au nombre d'armatures qui vous blessent quand on l'enfile. Et avec un corset, plus question de faire de gestes. Si les Français ne chantent pas l'amour, n'accompagnent pas de la voix les gestes du plaisir, à l'inverse ils n'accompagnent pas de gestes le plaisir de la voix. On parle les bras ballants, comme à un supérieur. Ou en secouant le petit doigt, comme le professeur. Un Américain, qui a calculé que le geste entre pour un tiers dans la compréhension d'une langue parlée, a par là même indiqué de quelle source précieuse de communication les Français se sont privés. Mais le mal vient de plus loin : ce n'est pas la simple modestie du geste ou son exquisité qui caractérise l'usage corporel du français, c'est son refus. Il ne faut pas gesticuler en parlant.

Nous sommes dans une culture où dire, c'est lire à haute voix. « Lire, écrit Alain, voilà le véritable culte. C'est pourquoi je suis loin de croire que l'enfant doit comprendre tout ce qu'il lit et récite. » On croit se consoler en se disant que de toute façon les Français ne lisent pas (sauf *Le Parisien Libéré*). Mais ils n'ont pas besoin de lire des livres, ceux pour lesquels le pays tout entier, l'univers à sa suite, est composé comme un livre, où l' « art du bien-dire », c'est-à-dire l'art du bien écrire bien articulé, est la source de toutes les puissances. Jean Roche a démontré que De Gaulle employait deux fois plus de propositions subordonnées que ses rivaux. Ainsi les écrasait-il politiquement de sa « stature ». La france a eu pour première école poétique un groupe qui se nommait « Les grands rhétoriqueurs », et elle a conservé la classe de Rhétorique, pilier des études universitaires, jusqu'au xxᵉ siècle. Que le discours régulé ait toujours tenu lieu de véritable trame littéraire ou scientifique dans la culture française, c'est ce dont témoignent encore les habitudes : un médecin y est d'abord un beau parleur (d'où cette affreuse littérature de « grands médecins », venue du diagnostic et de la présentation de malades aux étudiants, qui empeste la france de son formol humanitaire), un plan d'architecte est d'abord discours sur le projet, un film son scénario. Nul art n'a le droit de cité s'il n'a, comme à l'ancienne cour, été « introduit », précédé en forme d'un beau petit discours.

Arts du bien dire, art de parler comme un livre ou d'écrire comme un livre qui parle.

Saussure l'a fait remarquer : rien de plus fallacieux que le jugement sur la « nature » des langues. Certes, le français n'est pas plus « clair » structurellement, ni plus précis que l'anglais ou le chinois. Mais que les Français se le représentent comme tel, que tous leurs arts prétendent tenir leur simplicité du patron linguistique commun, ne peut être dû qu'à un profond refoulement : ici fonctionne le dressage impitoyable par où l'on passe avant de parvenir à l'acceptation totale, à l'intégration dans le système inextricable de

la langue ; faux amis, règles grandes fautrices d'exceptions, voilà ce que recèle pour l'écolier abasourdi
et résigné l'apprentissage du français. En résulte une
façon de vivre la langue qui la rend à la fois pauvre
(on ne peut en « utiliser » que peu à la fois, tant elle
est lourde à remuer) et compliquée. La raison française, qui est la raison du plus fort dans cette culture,
la raison de celui qui maîtrise la langue, n'obtient son
effet de « clarté » que par un redressement terroriste
qui transforme le fouillis des règles en nécessité et
l'incohérence des emplois en unité supérieure de la
grammaire. Pour parler français, il faut d'abord
renoncer, renoncement quasi religieux à « éprouver »
la langue comme une maladie ou une passion. Cette
langue-là ne se prête qu'au sérieux cruel des parents-
éducateurs torturant les gosses pour faire rentrer les
chevilles carrées du bien-parler dans les trous ronds
du désir d'expression. Tout ça rentrera « en force »,
puisque raison le veut. Entre la résignation abrutie, à
la merci d'un gifle, et l'espionnage de ses propres
accès de sincérité, pour savoir mieux les dénoncer
chez les autres, l'écolier français sait que la règle du
jeu, la loi de la vie, c'est que le langage guette vos tré-
buchements, avec la délectation du magister qui
relève un barbarisme. Tout un peuple devenu courtisan de l'art du bien dire lui fournit des légions d'es-
pions peut-être ignorants, mais animés d'un beau
zèle d'écarteleurs de mots en quatre.

Courtisans exténués

Si la langue et la littérature françaises, ces dieux impuissants de la nation, ont été sacrées par le pouvoir politique, elles le lui ont bien rendu par ce qu'elles ont empêché, en faisant peser sur la nuque de chaque Français le joug du jugement d'État sur toute expression. La france pouvait bien concéder des libertés de discourir et d'imprimer : la censure étatique est toujours en amont de cette liberté-là. Que la langue française soit à la fois la langue de la toute-puissance politique ou celle de la contestation obligatoire, elle obéit aux mêmes impératifs, elle est prisonnière des mêmes ratiocinations. Le pouvoir de langue et la résignation devant lui sont tels dans les climats français que la littérature y est saisie d'une véritable manie d'exercer sa minutieuse dictature sur l'expression des sentiments, que grammairiens et littérateurs peuvent manifester sans vergogne leur fringale de pouvoir ; de ce pouvoir formel qu'accordent les institutions. Autorité de la langue, gendarmerie littéraire, l'écrivain français se retrouve dans une posture à tout autre malaisée : défenseur de la même cause que les préfets et les magistrats, la cause de la langue française. Mais ce côtoiement ne l'effraie pas. La philosophie française, si l'expression n'est pas trop ambitieuse, de l'argutie scolastique médiévale jusqu'aux professeurs du xixe siècle, n'est que l'organisme de l'État dédié à sa fondation théorique. De Descartes à Auguste Comte, de Malebranche à Alain, elle semble marcher vers le professorat d'État avec constance et résolution. Contestation ou pas, elle s'agrège en agrégés. Kant a fondé son « philosophat »

sur l'incompatibilité de la profession philosophique et
de la subordination fonctionnaire à l'État [1]. Chez les
Français, c'est l'inverse : même les courants les plus
récents de la philosophie française, les « théoricistes »
qui découvrent après-guerre la philosophie allemande du siècle précédent, les finasseurs textuels ou
les jeunes loups néo-mystiques, descendent à ce point
de vue de Victor Cousin, ex-grand maître de l'Univer-
sité. La philosophie française peut bien remplacer la
raison d'État monarchique par la raison républicaine
ou par celle du prolétariat ; dans ce pays, le seul du
monde « à permettre aux philosophes de faire carrière, à leur offrir un bon salaire, et à avoir un
nombre suffisant de ces philosophes officiels dissémi-
nés dans tout le pays [2] », la philosophie n'est qu'une
classe et le philosophe un fonctionnaire. Toujours
Victor Cousin, le plus important des philosophes français puisqu'il devint ministre, qui déclare, en insti-
tuant le corps des professeurs de philo : « Ce sont
autant de fonctionnaires au service de l'ordre moral,
nommés par l'État pour cultiver les esprits et les
âmes. » Il y a bien sûr un passage de l'âme à l'esprit
dans la philosophie française, mais l'haleine reste
aussi officielle [3].

La ténuité langagière et superficielle de la philosophie française, dont même les Français se sont ren-
dus compte, comment ne pas l'associer à cette frivolité suprême : être salarié par l'État pour penser, et
ne pouvoir dès lors qu'en concevoir les modes de justification théorique. La philosophie allemande a ren-
contré l'État, elle l'a même peut-être inventé. On la

---

1. Kant, *Conflit des facultés* (Vrin).
2. Zeldin, *op. cit.*
3. Voir sur ce point, François Châtelet, *La philosophie des professeurs*
(Grasset).

pensera géniale ou cruelle. Mais la philosophie française n'a rien eu à inventer du tout, parce qu'il était
là, l'État, depuis longtemps, et ne demandait qu'une
nouvelle manière de se dire. Alors la philosophie française est restée la diseuse d'inutile, parisienne, éli-
tiste, superficielle, vaine agitation d'habits noirs
enseignants dans les salons de femmes de ministres.

La philosophie agrégée en col dur, la littérature
partagée entre les blouses blanches des médecins sociaux et les lavallières de ceux qui radotent sur
l'homme éternel en décrivant leurs pantoufles, une
jolie collection de traités illisibles et d'ego coulants
comme des camemberts, fréquentée uniquement par
les vers de la critique et des potaches enrégimentés,
voilà la bibliothèque littéraire française.

Augure qui ne rit même plus de rencontrer un autre
augure, l'homme d'écriture, en france, a beau désigner dans le ciel les vérités de la terre, nul n'y prend
plus garde. On est blindés contre les écritures à
« message » : on les sait trop n'annoncer que le pouvoir du réel. Hiérarque ridiculisé, il se venge en impo-
sant par la force des baïonnettes, je veux dire celle
des lois, le prestige du discours.

Être écrivain, en france, c'est être dépositaire
d'une charge (presque léguable à la progéniture,
d'ailleurs), et cette charge est d'État. D'où le climat
très anémiant, très déprimant qui règne dans une
intelligentsia entièrement conçue en fonction du pouvoir central, de sa critique comme prélude à sa conquête comme de sa célébration. Impuissance réelle
dans l'émotion, voisinage obligé avec l'ennemi juré de
toute liberté créative, l'État moderne, ces deux traits
donnent un début d'explication aux aigreurs, aux
dénonciations périodiques dont s'honore le climat
intellectuel français. Raison d'État, langue d'État,

passions d'État. La culture n'y connaît de brusques
accès de fièvre, elle qui est ici foncièrement « impas-
sionnelle », qu'autour des questions du pouvoir — que
ce soit pour déplorer sa propre impuissance, décider
du bon pouvoir, ou conquérir le pouvoir universitaire.
La bourse des joueurs en culture française ne connaît
qu'une spéculation, celle sur l'officiel. Et comme le
français, langue très « rapporteuse », fonctionne à
merveille dans la dénonciation, ce qu'on appelle
débat intellectuel en france ressemble aux bagarres
de chiens hargneux se disputant l'os jeté par le
maître-État. Être reconnu à Paris, être salarié par la
République, voilà les plus nobles ambitions de l'intellectuel français.

Donc, en français, en littérature, en art, la politique est obligatoire — et ceux qui tentent d'y échapper ne sont pas « innocents ». Une langue littérature
qui juge et condamne presque machinalement fait
pulluler les Basile et les inquisiteurs. Rapporter, tirer
au clair, déclarer (ses intentions) sont autant d'opérations qui sourient au français. Littérature de « jugement », au point que le même mot signifie à la fois
l'esprit et la chicane, la française multiplie les procès
d'intentions et n'acquitte jamais. Autorité de l'auteur, autorité du critique, autorité de l'École, celle de
Jules Ferry ou du salon voisin, le champ littéraire
français est un champ de manœuvre où s'entrecroi-
sent les ordres. Littérature qui cliquète, pleine de cra-
quements de verrous, de crissements de ciseaux, de
claques pédagogiques, de claquements et d'applau-
dissements sur commande. Littérature dure, à la dent
dure, à qui « on ne la fait pas » puisqu'elle s'y connaît
mieux que personne en hypocrisie, corps de vieux
prêtres aux rites usés qui savent bien de quel côté
étatique est beurrée la tartine sociale.

Tout mouvement authentiquement artistique est en france aussitôt reconnu et dénoncé comme fuite. Fuite des responsabilités, fuite hors du monde, que sais-je ? Toute activité créatrice doit être « prise de position » (dans ce qui existait avant elle, ou alors elle « fuit »), engagement (mais dans des termes déjà posés politiquement).

Alors, bien sûr, les cénacles, les écoles, les cliques, qui s'en donnent à cœur joie, nichés chacun dans un repli de l'administration centrale. Classification des mots en genre, des artistes en écoles, car le Français a horreur du neutre et du non-assignable. Des bibliothécaires, des clercs, des procureurs, tout occupés d'intrigues à la Ville — la seule dont on ne s'exile pas — après l'avoir été à la Cour. Tous spectateurs de Saint-Simon, même les plus « démocratiques », pour son fiel de courtisan. Car toute la culture française s'est faite dans des salons, mais surtout, dans les récamiers des petites-maîtresses du pouvoir. Ou dans les bureaux de secrétaires généraux de cénacles avant-gardistes. La culture française est comme les dames anglaises du siècle dernier, elle a horreur du soleil, des éléments naturels qui cuisent la peau. Elle préfère, pour exposer le fragile arsenal de ravaudages compliqués qui lui tient lieu d'éternelle jeunesse, la lumière trouble des boudoirs masculins ou féminins. Ses tics, ses vilaines petites habitudes, ses généralités gâteuses, ses haines minuscules tiennent dans une ruelle, au sens « grand siècle » de ce mot. D'ailleurs les gens de culture en france ne sont jamais loin du pot de chambre de leur maître.

Une culture de paranoïaques, une littérature adonnée à la canaille politicienne : tous acharnés à proclamer leur « dictature », leur « jacobinisme », leur « science du texte » et j'en passe. Plus ils sont

récents, plus ils sont purs et durs (association automatique du français). Nulle part dans l'univers une
activité qui se veut joyeuse, libératrice, passionnée,
ne s'est délibérément ligotée, sabotée, réduite à la
bassesse humaine comme la culture des cent pas car-
rés qui, depuis Richelieu, sont la france qui parle et
qui pense. Minuscules coups d'État qui ont toute
l'horreur, la méchanceté, la violence (la peur des
coups en plus) des grands coups d'État, combats de
coqs ergoteurs et trouillards, les révolutions culturelles françaises voient se succéder des baudruches
autoritaires, incompréhensible comédie de pouvoir
qui laisse les étrangers perplexes. Même les situatio-
nistes n'ont pas échappé à la damnation littéraire
française. Exclure, condamner, pousser au suicide
sont des pratiques courantes de l'intelligentsia française, par ailleurs très capable de livrer un cambrio-
leur aux flics. Ces traits ne sont pas simplement des
ridicules du milieu « culturel », au sens où un peuple
complice, les désignant ainsi pour s'en gausser, s'en
montre secrètement fier, c'est son mode d'être de
cocotte obtuse de la capitale, de courtisan exténué, de
brocheurs de rien à bout de rouleau.

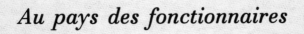

Au pays des fonctionnaires

Le régime subventionnaire

Il est un paradoxe français, qui fait de la gauche, de la culture, du progrès, les plus fermes avocats de la nécessité étatique. En france, en matière de création de l'esprit, on n'est libre que si on est « subventionné ». Les Robespierre de l'art ne trouvent jamais de mots assez durs pour dénoncer l'emprise de l'argent sur l'esprit. Tout chef-d'œuvre de maison de la culture commence par là. Il va de soi qu'une subvention, ce n'est pas l'ignoble argent du commerce, mais une décoration sur la poitrine de l'artiste. L'argent de l'État, qui pour tous les autres peuples pue le sang et l'oppression, est le seul en france à n'avoir pas d'odeur aux nez les plus fins, le seul qu'on puisse décemment réclamer.

Le régime subventionnaire, cette dépendance quasi familiale qui faisait des dépenses culturelles l'argent de poche consenti par le pouvoir, a traversé les siècles, des établissements royaux au ministère de la Culture (car la france est une des rares nations à avoir su faire de la culture un ministère). On n'y a jamais vu de contradiction entre le brechtisme de théâtre et le

statut étatique, le marxisme de la chaire et le fonctionnariat. Au contraire : en france, où les ministres
passent et les directeurs restent, chacun trouve nor-
mal que l'État assure la permanence de l'encadre-
ment financier des activités culturelles, au-delà des
sphères d'influence du parti au pouvoir. Tout entre-
preneur culturel a son répondant administratif, son
protecteur, surveillant étatique qui incarne, au-delà
des changements politiciens, la mainmise de l'État
par le biais du monopole de financement. Que l'État
finance surtout la culture « de gauche », les maisons
de la culture contre le Boulevard, l'enseignement
contre la culture ciné-bandes dessinées qui guette les
têtes blondes, alors que le gouvernement est obstinément aux mains de la droite politique, n'a pu échapper aux observateurs. Mais loin d'inquiéter les
bénéficiaires de subvention, de leur faire douter qu'il
doit y avoir, au centre même de leur œuvre, une vocation fonctionnaire, cela les rassure comme un label de
leur importance sociale.

Une seule chose compte : que ces émargeurs au
budget fassent une culture étatico-politique, quelle
qu'en soit la couleur. Qu'ils soient du Service Public
par leurs intentions, ils méritent salaire d'État. Être
de gauche, c'est savoir compter sur les subventions de
demain mais aussi réclamer celles d'aujourd'hui.

Une de nos figures familières, les Goncourt, donne
l'exemple de la plus heureuse formule de transition
vers l'homme de culture française moderne. Ils sont
tout à la fois, comme le remarque Borie [1], de l'ancien
et du nouveau régime de soumission, ils marquent le
passage. Ils se considèrent mythiquement comme de

---

1. Jean Borie, « Une littérature démocratique ? La situation des écrivains
naturalistes », in *Qu'est-ce que la culture française ?*

grands seigneurs, manière de mécènes d'eux-mêmes. En même temps, ils ont déjà tous les réflexes de nos modernes quêteurs de subvention, ils déplorent l'abâtardissement de la littérature par le commerce, en proclamant l'éminente dignité sociale méconnue.

Lisez, dans le *Journal*, ces réflexions amères sur la condition de l'écrivain moderne. Véritable pandémonium de l'esprit français, de la droite à la gauche, de Daudet à Zola, de l'esprit artiste au naturalisme, leur salon est le lieu où s'organise et se légitime la régulation arriviste. Écoutez cette charmante conversation à la table de la princesse Mathilde : « A déjeuner, à propos de Zola, dont le nom a été prononcé par moi et qu'on abîme, je ne puis m'empêcher de m'écrier : " Mais c'est la faute de l'Empire ! Zola n'avait pas le sou... Il n'avait pas d'abord d'opinions politiques. Vous l'auriez eu avec tant d'autres, si on avait voulu... Mais Flaubert et moi, si vous ne nous aviez pas achetés, pour ainsi dire, avec votre grâce, vos attentions... nous aurions tous deux été des éreinteurs de l'Empereur et de l'Impératrice ! " Peut-être le Goncourt croit-il avoir le style « domesticité grand siècle », mais il préfigure, parlant de Zola, ce « géant » de la littérature politique moderne, son meilleur ami de surcroît, la conviction française que l'artiste est à vendre au seul acheteur digne de lui, l'État.

D'Aragon à Malraux, du réalisme socialiste au chantre du gaullisme, l'accord se fait donc sur un art à la livrée de l'État. Un art imposé aux masses rétives par le biais de l'impôt, des comités d'entreprises fournisseurs de public, un art « fonctionnaire » que personne, ni l'individu de l'ancien mécénat, ni les foules relapsement hérétiques dans leur préférence pour le cinoche ou le polar, n'achèterait pour le plaisir.

Mais on les contraindra bien à se taper par obligation culturelle.

L'art fonctionnaire, symbole d'une nation de fonctionnaires. Allez à un vernissage d'exposition au Centre Pompidou, à une première théâtrale à Paris : au haut du pavé, les bureaucrates, directeurs, présidents, membres de commission, et autour d'eux le cercle des « créateurs ». En france, où l'on ne connaît ni le mécénat privé à l'américaine ni l'art direct des rues latines ou arabes, il y a toujours un officiel dans la salle.

L'art fonctionnaire, c'est aussi le flot grandissant des intermédiaires officiels, directeurs d'hospices culturels, de festivals, de théâtres nationaux, d'organismes audiovisuels, de Centres nationaux du cinéma, qui décident pour les autres avec l'argent des autres, et qui font de la culture française, absorbée dans les exigences de modification dans la hiérarchie interne, un recul permanent devant la création, une fuite dans la superstructure inutile.

Bonheur d'État

Certes, l'État, cela existe partout. Et, sous sa forme moderne, toute l'Euro-Amérique en fut créatrice. Mais la différence, c'est qu'en france, l'État n'est pas que la forme impatiemment supportée de la domination politique : c'est la forme enfin trouvée de la civilisation, le but de toute culture.

D'où le rôle véritablement missionnaire que s'est attribué la france ; celui de grande exportatrice, non tant de l'idée d'État que des légitimations civilisatrices qu'elle peut recouvrir. Si le français-langue a jamais eu une prédominance, ce fut comme langue des rapports d'État à État (la « diplomatie »). A partir de Napoléon, c'est plutôt comme code d'administration que le français connaît ses succès d'exportation. A l'époque où les monarques sont des coucous occupant les nids de pouvoir en Europe, où l'on parle français à la cour de Londres, allemand à celle d'Espagne et espagnol à celle d'Autriche, la monarchie française a déjà le sens de la formule : l'État c'est moi (= moi c'est l'État, le monarque n'est plus simplement un « fédérateur de peuples », un héritier de provinces rassemblées par des familles apatrides, mais l'incarnation du principe national).

Oui, c'est le lot de la civilisation française d'avoir toujours été exportatrice d'État, d'avoir eu toujours un trop-plein d'État qui trouvait son expression dans la vocation civilisatrice de ses écrivains, penseurs, héros civilisateurs.

La france a longtemps cru, peut-être le croit-elle encore, être l'État-capitale de l'Europe, son principe centralisateur (dont, à ses yeux, la Grande-Bretagne était la tentation vers le large). La formation de l'Italie et de l'Allemagne, où elle prit une part non négligeable, visait à couvrir l'Europe d'un filet d'États-nations sœurs, d'une forme de domination commune, axes structurants d'une Europe rayonnant à l'infini à partir de Paris.

Donneuse de leçons étatiques à l'Europe, la france fonctionnaire ne trouve jamais assez d'États autour d'elle. L'Italie est versatile et mal soudée, les Anglo-Saxons un marais, l'Espagne imprévisible. Ils manquent tous d'État, du sens du dévouement fonctionnaire. Aussi toute la sympathie populaire française va-t-elle à l'État fort, l'allemand admiré par les antiboches ou le soviétique admiré par les flics anticommunistes. Admiration un peu envieuse, qu'on ne peut s'empêcher d'exprimer, et qui est le seul cas où le nationalisme français recule — devant plus fort que soi. D'où l'étrange association d'une france à la fois patriotarde et pro-allemande, comme Vichy, qui devait sans douleur se transformer en france patriotarde anti-allemande sous De Gaulle ; d'où aussi la réconciliation fondamentale d'Adenauer et de De Gaulle, l'axe Paris-Bonn comme organisateur de l'Europe.

Instinctuellement, le français est langue de la collaboration avec le pouvoir établi. Collaboration avec l'État, quel qu'il soit : tel est le maître-mot de la civilisation française, et cela demande beaucoup de souplesse dans l'appréciation du moment où il faut courber l'échine.

Avec l'exécution de Bonnot s'achève la dernière menace de guerre civile française depuis les camisards et la chouannerie. Que les Vichyssois deviennent résistants, les royalistes, impérialistes, les républicains, gaullistes, que les alliés changent, les Français restent fidèles à l'État. Hélas, il est des moments troubles où la france, comme un chien désorienté, cherche son maître, mais tous ceux qui garantissent le maintien et le renouveau des institutions en place, qu'ils soient allemands, américains ou russes demain, ont la faveur du peuple. Plus d'engagés dans la L.V.F. que dans la résistance, les anciens pétainistes devenus gaullistes par la médiation de l'Algérie française, la gauche devenue gaulliste avec la mort du prince (que le principat est beau sous la régence !) : la foi du Français en l'État comme sauveur suprême du fonctionnariat ne s'est jamais démentie au cours des événements récents. Elle a sauté les incohérences de l'histoire, survécu aux passations de pouvoir droite-gauche, même à la faillite du nationalisme guerrier.

Que les Français aiment et souhaitent l'État, l'appellent et s'en gavent, et n'aient de ressort culturel qu'en la prétention à convaincre les autres peuples des beautés du régime administratif, cela les distingue des civilisations soumises à des bureaucraties barbares ou décadentes, comme la Russie ou l'Autriche-Hongrie. Le fonctionnariat français est toujours dans la force de l'âge, il est l'idée de l'homme nouveau dont la france est porteuse depuis le xviiie siècle. Il est l'incarnation de la conscience nationale, et s'il fait l'objet d'une douce satire à la Courteline, bien différente de ton de l'impitoyable dénonciation de la littérature russe classique et moderne, c'est qu'il est un héros « positif », unissant le prestige à la sécurité. Tous les Français sont fonctionnaires, parce que ce dernier est toujours, sans rire ni guillemets, le dépositaire de la souveraineté populaire.

Il y a en france un véritable engouement à la fois populaire et cultivé (et c'est le seul point où les deux mondes se croisent) pour le service public. Tous les peuples ont supporté leur part du fardeau étatique en tâchant de s'y dérober, de le fuir. Et l'ivrognerie russe, l'alcoolisme de Malcolm Lowry, les herbes fumées et mâchées par les multitudes du « tiers-monde », sont autant de points où la « culture », disons la façon de vivre et d'éprouver des sentiments, fait signe et dit les limites de l'État, murmure qu'on peut lui échapper. Mais les Français, dont même l'ivresse est paranoïaque, n'ont jamais cherché à oublier l'État, à s'y dérober.

Si peu même qu'on peut les dire toujours « investisseurs » en l'État, au double sens financier et psy-

chanalysant du terme. Placement de l'argent en bons
d'État (quand dans tous les autres pays l'argent
fluide « fuit » l'État, craint de s'y immobiliser), placement des enfants en l'État (tu seras fonctionnaire
mon fils). Des millions de petits porteurs prient tous
les jours pour le salut, parient sur la durabilité de
leur nation.

Zeldin raconte l'anecdote suivante : quand, en
1848, sur la rumeur persistante que la france avait la
plus grande armée de fonctionnaires au monde, « on
demanda au gouvernement de publier la liste de tous
ses employés, il refusa en s'abritant derrière l'ampleur excessive de la tâche ». C'est, à vrai dire,
Achille et la tortue que les rapports du fonctionnariat
français au pays : la france est pratiquement coex-
tensive à son fonctionnariat et il n'y aura jamais
assez de fonctionnaires en france pour compter les
fonctionnaires. « En 1960, 57 % des fils de fonctionnaires devenaient fonctionnaires, et parmi eux 87 %
avaient d'autres parents employés d'État », selon le
même Zeldin. Même un ministre académicien partisan de la peine de mort a découvert, par « nègre » littéraire interposé, qu'il y avait en france un peu trop de
goût pour le fonctionnariat.

Il y a très peu de marge en france entre l'État et la
« société civile », moins encore que dans les pays où des
pratiques semi-clandestines, l'habitude de déjouer la
censure, se sont rodées. Il n'y a presque pas de marge
dans cette société « consolidée », pas de place pour les
reggae, les sambas, les mysticismes et les rocks, les
« défonces » et les dissidences. Un gigantesque et très
précis réseau d'argent, d'intérêts, lie chaque français
à son État, y ordonne la temporalité des prêts, subventions, salaires, retraites, sécurités sociales, non
comme dans le joyeux imbroglio américain où chaque

marginal tire pied ou aile, mais comme une strate absolue de la réalité sociale, dont nul ne se sent « oppressé », bien au contraire.

L'enracinement de l'État français, la transformation en surmoi national de la seule chose que le peuple, avide de pain, ou de terre, ou de liberté, ne pouvait penser à réclamer de lui-même, l'instruction et la culture, sont d'un autre ordre que la peur des peuples marchant au fouet ou saisis du délire fasciste. C'est une folie obtuse et durable, raisonnablement vécue par un peuple qui en reveut. C'est l'effet-État qui électrise et aimante toute la société.

Ainsi Théodore Zeldin a-t-il pu définir l'ambition, le « placement » près du cœur parisien de l'État, comme le ressort essentiel de la vie sociale française : non tant la richesse que la reconnaissance par le pouvoir central, tel semble avoir été le but des « élites » françaises. Face à une aristocratie anglaise riche, décentrée, capable de traiter d'égal à égal avec les représentants de l'État, une noblesse française attirée à la cour ; face au capitalisme libéral, l'obsession de la « réussite sociale » — non pas faire de l'argent, mais avoir sa place dans la hiérarchie. Toute la désertification provinciale passe par là.

Vivre en symbiose étatique depuis tant de siècles, alors qu'autour d'eux tant de peuples restaient ou devenaient athées en matière d'État, a formé les Français à une certaine idée du bonheur. Et d'abord à l'idée que c'est une idée, « neuve en Europe » selon l'expression de l'un d'entre eux au moment où la france était saisie du démon propagandiste. Le bonheur s'enseigne, s'organise, il est une conquête sur le désordre des sociétés. En fait, le bonheur d'État, tel qu'à la suite de Saint-Just les Français l'inventèrent, est surtout un ensemble d'obligations, mises au point en france au nom de la liberté, et imposées à l'Europe par les conquêtes napoléoniennes. L'idée neuve des Français, ce qui devait leur valoir l'admiration de Hegel, c'est d'avoir baptisé conquête du progrès et de la raison l'assujettissement étroit et moderne du citoyen à l'État, et libération des peuples opprimés l'occupation française (système que l'Armée rouge devait perfectionner à la fin de la dernière guerre). La marche en avant des forces de l'humanité sous houlette française était (est toujours, mais seulement sur le territoire national) une course à l'abîme de l'obligation généralisée. La plupart des grandes obligations modernes, des contraintes administratives étendues à tout le peuple d'un pays sont d'origine française : l'obligation militaire, ou service militaire obligatoire, grand progrès stratégique (sous le nom de levée en masse) de la Révolution. Obligation scolaire, grande cause de la Troisième République. Obligation de vaccination, obligation du port des papiers d'identité, obligation de couverture sociale... Mesures qui n'ont pas toutes des « contenus » équivalents, dont certaines sont ressenties comme des brimades, d'autres comme des nécessités, certaines enfin comme des conquêtes. Mais toutes sont des applications du même impératif catégorique : l'obligation au nom de l'intérêt supérieur, le « c'est pour leur bien ». D'ailleurs le bonheur français, comme sa culture, ne se mesure pas aux effets, mais à l'adéquation aux règles. L'important par exemple n'est pas qu'une population soit en bonne santé, mais plutôt qu'elle soit « hygiénisée ». L'hygiène n'est pas le fort du peuple français, peuple plutôt mal soigné, voire sale. Mais l'obligation hygiénique est un point fort de l'estime que le peuple de Pasteur se porte à lui-même. Au nom du bien supérieur et de Joseph Pasteur, des légions de gosses terrifiés ont subi l'incision salvatrice. On a démontré depuis que la plupart des grandes nations européennes ont connu la même baisse de mortalité que la france, sans avoir eu recours le moins du monde à la vaccination obligatoire. C'est dans sa « forme *a priori* » de loi contraignante, et non comme coutume, que l'hygiène ou la scolarité intéressent la france. Le progrès, c'est le paysan, dispersé et traversé de coutumes archaïques, réduit au quia de la visite médicale ; Knock est un missionnaire en ce sens.

Pouvoir des professeurs

Dans tous les aspects de la vie matérielle et désirante, l'apport français peut se résumer ainsi : le passage au noir-et-blanc de l'obligatoire-interdit, du dû ou défendu. Pas d'innovation qui ne suppose une réglementation, pas de « neutre » dans la loi, pas plus que dans la langue. Ainsi en vient-on au « tout ce qui n'est pas autorisé est interdit » et au « tout prévenu est supposé coupable » qui font la pratique du droit français, et déshonoreraient un magistrat anglo-saxon.

Pour procéder à l'apprentissage de ce manichéisme culturel, la france a mis en place le plus obligatoire des systèmes scolaires. Elle revendique le rôle pionnier qu'elle a joué dans l'expansion de l'instruction obligatoire et uniforme. Le rendu de la politique à la culture, c'est cette contrainte scolaire imposée à l'âge le plus tendre, à l'imagination encore vive. Il n'est jamais trop tôt pour interdire à l'enfant de puiser

dans un « pays culturel réel » : jamais trop tôt pour
inculquer le mépris de tout mode d'apprentissage non
formel, non conventionnel. Hors l'école, point de
source de connaissance, pour l'enfant français. Hors
le pédagogique, point de salut. Que le régime de
l'obligation culturelle ait pu s'emparer même du
mode de communication le moins étroitement culturel, la télévision, en dit long sur la puissance en france
du corps des professeurs, ou de l'esprit professoral.
Le journaliste, le présentateur, l'interviewer y sont
toujours en situation d'enseignement. Tout document
y est un documentaire, tout film une place dans la
cinémathèque, et même les jeux sont des examens
scolaires. C'est que la france tout entière est admi-
nistrée par un corps de professeurs (encore que,
comme disait Gombrowicz, voilà deux mots qui vont
très mal ensemble). Pompidou était l'auteur d'une
anthologie poétique, Giscard cite Bernanos, on étudie
les textes de De Gaulle le jour de sa mort. Et les Français sont très contents d'être gouvernés par des professeurs, ils méprisent les cow-boys avisés, les paysans enrichis, les bureaucrates avinés qui dirigent les
autres pays. Chez eux, par la confusion du culturel et
du pouvoir, c'est tout le noyau professoral, âme du
fonctionnariat, qui permet au personnel politique de
se réclamer d'un humanisme pesant.

Règne des doctrinaires, des professeurs, conquête
du territoire français par les instituteurs : l'histoire
française parle peu des résistances qu'a rencontrées
cette « révolution par en haut ». Il a fallu, pour ins-
taurer partout l'école centralisée porteuse d'une culture latinisante, doublée scientifique, ce même maître
récitant en toute classe ce même manuel inchan-
geable (les mêmes ont servi pendant plus d'un siècle),
il a fallu éliminer les passations de savoir extra-

scolaires, les mixités interactives. La culture des professeurs, telle qu'imposée au xixe siècle, n'avait même pas vocation innovatrice. Elle héritait essentiellement de l'enseignement jésuite, auquel elle n'ajoutait que la volonté de démocratisation. Les professeurs ont été dès le début de leur puissance d'autant plus attachés à la tradition culturelle la plus stéréotypée qu'ils s'étaient durement battus pour y avoir accès. Elle était la preuve de leur entrée dans le domaine réservé des nobles et du clergé. Pour imposer à toute la france une culture aristocratique appauvrie, plus le rudiment d'une science positiviste, il a fallu par exemple briser les tentations d'école mutuelle, où l'enfant plus âgé enseigne le plus petit [1], il a fallu organiser la stricte ségrégation des adultes et des enfants et des classes d'âge entre enfants, et l'égalité silencieuse d'une même classe d'âge devant le discours usé du maître. Une culture morte imposée par l'embrigadement, le silence dans la classe, le respect du prof : oui, les professeurs français sont bien plus proches de la tradition ecclésiastique, que leur idéologie condamne et veut remplacer, que des innovateurs pédagogiques suisses ou anglo-saxons. Un apprentissage de la langue qui veut donner l'allure d'une seconde nature à des règles inhumainement contournées, la conviction que c'est en partant des langues mortes qu'on se « forme à la réflexion », que la « distraction » enfantine demande à être sans arrêt contrainte comme le veau demande à être mijoté est décidément visée sous le béret national. Héritage d'une pensée cléricale, d'un besoin de redresser en l'enfant l'homme du désordre, ce qui revient bien au même que de le charger du péché originel.

1. Voir Anne Querien, *L'enseignement* (*Recherches*).

D'une idée de la culture à une idée de l'enfance : elle est « terra incognita » à désherber, à défricher, pur prétexte à l'enseignement, matière des manies pédagogiques. La pauvreté du folklore enfantin français (comparé à l'anglais ou l'italien) est due à cet engagement pédagogique, qui ne voit en l'enfant que l'écolier, et n'organise sa vie qu'en fonction de son acculturation.

La culture enfantine, minoritaire plus qu'une autre en ce qu'elle suppose l'oubli de l'État, résiste très mal au centralisme idéologique. L'enfant français idéal est un petit fonctionnaire, à horaires de bureau, méfiant envers ses collègues comme envers tout adulte extérieur à son administration native (l'enseignement) ; et pour n'être ni le souffre-douleur ni l'exclu de sa classe, il lui faudra apprendre toutes les mesquineries, toute l'impavide cruauté minuscule d'un monde sans fracture, d'un univers en continu où la notation scolaire préfigure la carrière.

On parle souvent d'une « introversion » spécifique à la jeunesse française, d'une incapacité à se lier à d'autres dont on cherche les causes. En france, où l'on ne s'étonne jamais de voir un enfant battu dans un lieu public, la première chose qu'un enfant apprenne, c'est à ne pas mêler sa générosité aux affaires des autres. Aux affaires des adultes, en particulier. Ne t'en mêle pas, sauf si tu es le plus fort : autrement dit, ne t'en mêle que pour punir. Le rétrécissement psychologique, le respect des hiérarchies et le culte de la loi transparaît jusque dans les jeux, quand on compare, comme l'a fait Martha Wolfenstein, le comportement d'enfants français et américains dans les squares [1].

1. *Childhood in contemporary Cultures*, par M. Mead et M. Wolfenstein, 1955.

« Chaque famille française gardait soigneusement ses jouets par devers soi ; elle n'encourageait pas l'amitié entre les enfants. Les parents intervenaient souvent dans les jeux pour réprimander ceux qui n'en respectaient pas les règles. » L'immixtion ne peut se faire que dans un sens, de l'autorité vers la minorité. Ségrégation à sens unique. « Les enfants n'étaient pas censés régler leurs comptes tout seuls. L'agression physique était interdite, on y substituait des joutes verbales... « Toute la naïveté de la sociologie américaine ne fera pas passer pour traits de nature des héritages aussi évidents de l'historicité française. « Les Français observaient les enfants des autres familles, ils ne s'associaient pas à eux... Le monde adulte était un univers distinct auquel les activités des enfants étaient subordonnées. »

Enfance purgatoire dans le pays le moins enfantin du monde, je te connais pour t'avoir vécue. La voilà bien : le « je le dirai à mes parents », ou au maître, généralisé, remplaçant les bagarres comme règlements de compte enfantins, le pouvoir parental lui-même surveillé et encadré, fonctionnaire de la parenté, faisant respecter les lois strictes de la ségrégation... La france est sans doute le pays au monde où l'appropriation de l'enfant par sa famille, pas par une « mamma » abusive au-dessus des lois, ni par les divorcées du système américain, mais par la famille légale instituée et surveillée par l'État, est la plus poussée. D'où l'on tirera explication du goût des Français pour les histoires de faux et vrais parents, d'adoption, et *tutti quanti* qui font la une des journaux.

Petit bureaucrate compassé, comptable de ses émotions, petit singe adulte, tout en quant-à-soi, l'en-

fant français n'aime ni ne se lie aisément. Surtout
avec les étrangers, dont on lui serine à longueur de
journée qu'ils sont le diable sur terre.

Pays sans avenir et sans mouvement, fût-ce celui
de la décomposition, la france est le plus triste cadre
où un enfant puisse grandir. D'autres sont plus dangereux, sans doute, plus sauvages peut-être. Mais
aucun ne nie plus radicalement le romantisme enfantin, la grande et belle passion d'enfance. Il y a une
impassibilité française à la souffrance enfantine, un
mépris pour ses enthousiasmes, qui est unique au
monde. Pur objet d'enseignement, la jeunesse et
l'adolescence française ne vivent jamais d'aventures
— elles n'en lisent pas non plus — les écrivains ne dai-
gnant pas s'abaisser au roman d'enfance qu'ont illus-
tré les London et les Stevenson. Dévoratrice de
manuels, mangeuse d'extraits, avaleuse de ces com-
pendia dont la france est premier producteur au
monde, elle garde toujours quelque chose de l'abru-
tissement d'une bête à l'étable. Il n'y a pas de place
en elle pour les « ralliements passionnels [1] », parce
que chacun des individus qui la composent se sait lui-
même germe d'adulte, et sait qu'en chaque adulte la
france a déposé le savoir universel, la sagesse comme
bouderie contre le monde.

Cette scolarité consiste à ingurgiter le savoir du
monde entier sous forme de platitudes encyclopédiques.
Et ne demeure de l'universalisme scolaire que le dé-
goût pour toute découverte, le cynisme des résumés,
la défiance pour toute passion forte et localisée, l'ac-
coutumance à l'incuriosité, enfin et surtout la peur
constante de se « faire avoir ». Plus tard, les sentiments de la vie sociale prendront forme dans ce capi-

1. René Scherer, *Une érotique puérile*, (Galilée, 1977).

tal réactif : l'important, c'est de se tenir en retrait, de garder conscience du relatif, de fuir les illusions sans rapport. Nulle cause ne mérite en france qu'on s'en enthousiasme, si ce n'est le calcul des primes de fins d'année, des places de camping libres et des taux de retraite. On se doute que c'est là un paysage particulièrement attrayant pour les jeunes gens.

C'est pourtant là la seule vraie émotion de ce pays, ce qu'on appelle le « social » (la forêt des réglementations de la vie privée), ce pays que la politique étrangère emmerde et qui a définitivement rangé l'art au rayon des objets de musée. Une société politique uniquement occupée à discuter des places dans la hiérarchie d'État, un savoir en retraite consacré à recenser ses propres impuissances. Un monde de la déception, de l'aigreur, où la vocation encyclopédique n'est que le ressassement des illusions perdues. Bouvard et Pécuchet, terrible évidence nationale : le monde est clos et il est fait de pièges. Une civilisation de la prudence fonctionnaire, rétive aux entraînements qui ne portent pas sur les questions d'avancement, retraitée du monde avec le goût amer des totalisations inutiles, et décidée à le faire partager aux générations suivantes. En matière d'art et de jeunesse du cœur, on peut tout éprouver, car il ne s'agit ni d'expliquer ni de juger la réalité, les pires formes de barbarie sont susceptibles de poésie. Mais l'impassible supplice de la médiocrité française, l'âme prosaïque et médisante de ce peuple fonctionnaire sont le plus foudroyant des articides. Flaubert en a hurlé de douleur, et la Bovary a enterré tout romantisme français. Quand l'art est un bibelot, la vie une carrière, l'État un papa, le rêve français s'accomplit.

Les parasites de l'esprit

Humour contre ironie

La voix de la france : si elle pouvait se taire un peu. Dans le silence de la france et de sa raison, on entend enfin les bruissements entrecroisés d'un monde fluide. Le caquet français, cette insupportable logomachie babillarde, c'est la manifestation d'un esprit-parasite, qui vient sans être appelé. C'est le brouillage des ondes lointaines et le doublage des ondes trop proches pour être étouffées. C'est le commentaire de l'action du monde, non cette action même : à la télé française, mieux vaut toujours couper le son. Comme la france n'a pas connu, sauf sous le Premier Empire, de destin à la hauteur de ses ambitions, le style français passe pour plus ridicule qu'haïssable. Mais ce n'est pas faute d'avoir tenté d'être terrible ; puisque les nations parvenues l'emportèrent, la francité s'est pénétrée d'acrimonie. L'histoire n'est pour les gens d'ici qu'une longue frustration ; il faut toujours en redresser le cours par le récit, car le flot réel des événements, riche et confus, semble n'avoir eu qu'un fil directeur, multiplier les chagrins d'une raison trahie, méconnaître la primauté de droit qui

revient à l'aînée des nations. Quand le discours français s'élève, triomphant dans la médiocrité du destin
national, c'est pour redire au moment des grandes
catastrophes : « Vous voyez bien que j'avais raison »,
raison de ne pas s'emballer, raison de se restreindre,
raison du bourdon, de la mouche du coche, raison-
grelot au tintement d'extrême-onction.

Les Français enterrent l'événement. L'esprit français, c'est celui de l'escalier — mais il est capable de
remonter pour lâcher son bon mot. Le discours français, comme les carabiniers, arrive toujours trop tard
pour servir à autre chose qu'à la prosopopée ou
l'oraison funèbre.

Il y a un « ton français », un bruit typique du discours français. Si vous l'entendez dans un coin de la
société où vous êtes, ce caquettement sec d'idées-
castagnettes, n'hésitez pas à lui clouer le bec. Pas
étonnant que les Français aient choisi pour totem la
poule mâle.

Mais il n'est pas toujours facile de le faire taire en
soi, ce commentaire qui prend le temps dévolu à l'action ; la basse-cour nationale est assourdissante,
soûle d'ébouriffements impuissants.

Impuissance de l'indignation, stupidité de l'œil
rond devant l'événement mondial : la « conscience de
la france » est la grosse caisse d'une fanfare dont le
trombone est l'esprit français. Esprit français. Esprit,
comme spiritueux, ou comme revenant. L'esprit français est un renvoi d'après-dîner, il « la ramène » toujours. Il ramène les propos tenus à leur point d'attache, certifie les évidences, souligne le réel, ne
s'affirme que grâce au recul qu'il prend pour se donner le « dernier mot ».

Le « dernier mot » : jeton de présence de l'esprit
français, preuve que tout a une fin et un commence-

ment, que tout est « relatif » (parce qu'il n'est d'absolu que le locuteur, et la culture d'où il parle), preuve qu'il est inutile de se mêler au monde puisqu'on peut le clore d'un trait.

La littérature française, quelque dure que soit sa carapace, n'a pas totalement ignoré l'embarras qu'ont le plus souvent créé, dans la société européenne, les charmes replâtrés de cet esprit-là. Lisez le portrait du médecin français dans *Massimilla Doni* de Balzac, ce pédant jacobin et scientiste égaré dans les amours de carbonari d'opéra, ou celui du Parisien dans *Les Pléiades* de Gobineau. De temps à autre, des âmes plus intrépides vendent la mèche de l'insensibilité française, et il sera beaucoup pardonné au père de l'égotisme français, italianophile convaincu, pour avoir transcrit deux ou trois fois cette phrase italienne dans son œuvre : « Il n'avait pas une âme à la française... Quand son chevet avait une épine, il était obligé de la briser et de l'user à force d'y piquer ses membres palpitants. » Mettez que le réel n'est pas fait que de roses : il n'est rien de plus insupportable à la douleur que le commentaire, rien de plus impropre à la joie que le recul. Voilà sans doute pourquoi, quand les Français parlent du Liban ou du Vietnam, ils sont si laids. Esprit français, là où tu frappes, le plaisir ni la peine ne repoussent, mais seulement la gêne. Tu nous interdis de sourire, ayant fait du sourire signe de supériorité. Esprit supérieur, pédagogique, ironie socratique, qui prétends toujours à l'enseignement de la défiance, tes formes d'expression sont glacées comme des jeux de mots, ou des jeux de la vérité. Tu ne joues pas les mots, tu n'y risques rien, tu joues avec, de loin, sans t'y prendre. Plaisir de cruciverbiste, ou de psychologue. Le jeu de mots, chef-d'œuvre de la langue française, n'est qu'un triste

calembour à sens clos. L'humour, la fleur des mots,
leur fraîcheur, leur tendresse quand le sourire ne
signifie pas mépris, leur à-propos en coq-à-l'âne,
l'humour est « de situation », il est pris dedans, il en
est l'émanation impersonnelle. Vous ne le confondrez
pas avec cette ironie-attitude, volontaire et disserta-
toire, qui prétend discerner sous les propos la vérité
de l'âme ou de la société, qui coupe à chaque glisse-
ment ou jeu libre du langage pour rappeler que tout
énoncé est parole verbale, ou texte écrit, mensonge et
mensonge. Peur du langage, peur des hommes, vous
faites qu'en france on n'utilise la parole que pour se
moquer le premier, de peur d'être moqué.

L'humour est le tapis volant de la conversation.
Une brume impalpable « entre » les gens. L'esprit
français est le génie en bouteille dégusté à petits
coups sur invitation d'un sommelier compassé. L'humour est escroc comme un aristocrate clochard, il
joue distraitement entre les mots. L'esprit s'appuie, à
l'angle de la cheminée de préférence, avec le sérieux
du ricanement et la méchanceté froide des bonnes
gens. L'ironie envoie coucher les enfants, l'humour
les traite en prince charmant.

L'esprit d'ironie, cette réassurance nationale française, bref crépitement de vieux fagots, veut révéler,
éclairer. Il est lui-même fait de ségrégations, entre
ceux qui en ont et ceux qui n'en ont pas, entre ce
qu'on raconte et ce qu'on en raconte, entre le sens et
le double sens. L'humour, on ne sait jamais s'il est
volontaire, il marche par interruptions, il met tout le
monde dans le coup, il est « multiple » ou quipro-
quiste. Sérieux sans grandes douleurs, frivole sans
inconstance, l'esprit français manque d'humour. Il
pèse, comme Sancho Pança, et pourtant il est à che-
val sur les principes comme le Chevalier à la Triste

Figure. Car les Français ont fait du mot d'esprit un devoir d'État.

Dénonciateurs

Devoir d'État déjà, que la vieille « civilité » française, imposée par Louis XIV à un peuple « grossier » sous la forme officielle de l'étiquette. Mais devoir d'État aussi dans l'idée plus récente de « civilisation », où il ne s'agit plus d'une morgue aristocratique trop polie pour être honnête, mais d'une croisade démocratique pour les mœurs françaises. L'esprit français devient alors offensif, il s'identifie au pays et à ses valeurs fondamentales, il sacre l'hexagone comme foyer des civilisations et la française comme civilisation des civilisations. « Nation » et « Civilisation » sont entrées ensemble au dictionnaire de l'Académie, au sortir de la Révolution française. La france, créatrice, affirmait-elle, de l'une, ne pouvait pas ne pas revendiquer l'exclusivité de l'autre. Le peuple qui se dit le plus spirituel de la terre n'hésite pas à déclarer sans l'ombre du moindre humour que « sans flatterie, la france a été le centre, le foyer de la civilisation en Europe » (Guizot, dans son *Histoire générale de la civilisation*). Car l'esprit français n'est pas qu'une pirouette, il est le constant rappel, par la blessure de l'ironie, à l'ordre proféré par un gardien de l'universel. Et comment ne se penserait-il pas universel, lui qui peut « faire france » partout ?

Savoir user des autres peuples comme de faire-valoir, juger d'un mot une coutume étrangère, faire rire un « charter » sur un serveur maladroit, dire

« c'est comme... » chaque fois que c'est différent, avoir du toupet, toutes ces petites abominations françaises témoignent d'une longue imprégnation à l'esprit de supériorité, qui pour n'avoir eu que peu d'occasions de se manifester victorieusement au cours de l'histoire, n'en est que plus vindicatif.

Il y a eu un véritable « empoisonnement » de l'esprit français, peut-être à force d'être confiné, depuis l'humanisme renaissant jusqu'à la grimace voltairienne, ou au nationalisme civilisateur et déclamatoire. Il y a un progrès dans la fermentation, dans la distillation française : l'amertume et le cynisme montent en degrés à mesure que le concept de nation civilisatrice comme figure de l'État se heurte à d'injustes rebuffades hors frontières. Mais les deux messages continuent de coexister : la france réussit peu à peu ce combiné délétère d'esprit positif, de chauvinisme et de blague, gaz très stable dont elle n'a pas cessé depuis d'empuantir la planète. Par le jeu combiné du sérieux civilisateur et de l'ironie supérieure, la france apprenait au monde qu'on pouvait être à la fois individualiste et demandeur d'État, cynique et respectueux de l'ordre. Le système de la resquille française, l'acharnement à obtenir un passe-droit sont aussi loin de la corruption italienne que de l'empirisme anglo-saxon. Le rapport spirituel des Français et de leurs autorités, depuis l'attitude face aux C.R.S. de plage jusqu'au style convenu avec les contrôleurs de train, demanderait une longue et écœurante description. Limitons-nous aux conclusions : la protestation s'y fait toujours reconnaissance du règlement, la revendication bousculade pour obtenir les faveurs du pouvoir, et la délation y paraît le signe même de la justice.

De même que l'ironie française s'accommode fort

bien du dogmatisme, formant à eux deux le couple efficient de l'esprit national, et le discours du panache de la collaboration, la délation instituée est le reflet de la complicité, jusqu'en la satire, avec le pouvoir en place. On peut s'en moquer, mais on lui dit tout. Les contradictions françaises se résolvent toujours du côté du manche ; entendez que le peuple le plus béatement idéaliste quant à lui-même est aussi le plus pesamment cynique, celui des sept cent mille dénonciations apportées à la Gestapo pendant la guerre.

Pour lui, et sans se retirer une once de l'estime qu'il se porte, dénoncer le premier, c'est être vraiment spirituel et profond.

Domination de l'opinion

Que ce soit pour dénoncer un texte suspect de « fascisme » (forme moderne du surmoi littéraire français), un résistant ou un collaborateur pendant la dernière guerre, que ce soit pour « découvrir » un auteur, une mode ou une culture étrangère, l'essentiel est de rapporter. Qui n'est au « second degré » est perdu en culture française. La réalité, ou le texte lui-même, est mise sous la tutelle d'une duègne grognon à laquelle nulle perversion n'échappe, ou d'un mentor qui désigne impérativement le beau. L'assurance, l'arrogance du Français est l'insolence du valet de l'État-Culture. Il peut parler de haut parce que ce n'est pas lui qui cause ; à travers lui, ce sont les intérêts supérieurs de la culture qui s'expriment. Et voyez au fond comme les opérations culturelles ressemblent à une rafle policière : quel que soit l'objet,

on le traîne au poste de la culture française. Là, on
vérifie son identité — que ce soit un temple égyptien
(ils n'existent que par Champollion) ou un film américain (toujours suspect d'impérialisme, et d'ailleurs
Méliès avait tout inventé). Tous les blocs émotionnels
de toutes les cultures ressortent prêts pour le camp
encyclopédique français, une fois passés par les com-
missariats de l'esprit national. Qui a le « ton français » ne se laisse jamais surprendre, n'a jamais à se
mettre en cause lui-même ; seul compte le « ce qu'il
faut en penser ». Il est toujours en état de compte
rendu, et il n'agit que sur des substances préalable-
ment francisées, prédigérées. Est-ce un hasard si
digestion et pousse-café sont les moments naturels de
la conversation française ? Personne ne se lève jamais
pour « aller y voir » lui-même. Il n'y a pas de
« direct » en français, seulement du digéré-différé.
Qu'on découvre une chapelle gothique, une petite
plage, une bonne table ou un livre oublié, tout réfère
déjà à du « bien connu » ; et l'on y préférera toujours
une redécouverte à une découverte. Puisque dire c'est
répéter, peindre c'est signifier, chanter c'est réciter,
toute émotion se recroqueville en curiosité de Baede-
ker intellectuel.

   « La littérature anglaise doit toute sa célébrité aux
Français. Elle était parfaitement inconnue au reste de
l'Europe avant que la France se fût engouée des pro-
ductions littéraires de sa rivale. Peut-être qu'on ne
sait bien une chose en Europe que lorsque les Français l'ont expliquée. » C'est Joseph de Maistre qui
écrit cela : mais mettez Sartre sur Faulkner,
Malraux sur l'art, les nouveaux philosophes sur Soljénitsyne, et vous aurez le même résultat. On se
demande comment le monde peut encore créer, com-

menté par la voix off de la france. « Ce qui est nouveau, c'est ce qu'on a oublié », écrit la première
modiste française. « Tout a été dit, mais en fin de
compte rien n'a été compris » ajoute Alain, le plus
digestible des philosophes, pour des intestins français.

Mais les Français sont là pour ça, pour faire les
sous-titres d'un univers en V.O. Il y a une persistance
dans l'odeur des certitudes françaises : un relent de
cynisme, une ultime conviction désespérée que rien
n'existe que redit, refait, retrouvé, qu'il vaut mieux
être Monsieur Loyal le mal nommé que tigre ou acro-
bate dans le cirque du monde, dissident en france plutôt qu'en U.R.S.S., épurateur plutôt qu'épuré, paren-
thèse plutôt que texte, scholie plutôt que poème.

Montrer, démontrer, remontrer — comme remon-
trances. L'histoire culturelle française fonctionne à
coups de renvois, rétros, retours et révolutions,
hoquet national qu'il faudra bien couper en chacun de
nous, par la peur s'il le faut. Ce « re » français, desséché, étranglé contre le palais, celui de récidiviste et de
retardataire, c'est le grognement du déjà-vu, du
radotage et du ragot, la dictature du préfixe — et quel
préfixe ! Celui de la répétition — la supériorité de la
cuisine sur le cru, du déjà fait sur l'à faire. Toujours
Joseph de Maistre : « La france n'exerce pas la domination par les armes, mais une autre espèce de domination plus honorable, celle de l'opinion. »

Entendons-nous bien : l'opinion est réservée aux
gens dont l'opinion compte, et elle ne peut porter que
sur ce qui est déjà sujet d'opinion. Il y a toutes sortes
de sujets sur lesquels les Français « n'ont pas d'opinion », parce qu'ils ne savent pas quelle est sur eux
l'opinion générale. L'opinion générale est faite par
les commentateurs de l'opinion, lesquels doivent
bien savoir de quoi ils parlent. L'opinion existe avant

de porter sur la chose, ou la chose n'existe pas.

Les plus agréés des commentateurs sont les intellectuels ; leur occupation essentielle, déterminer la « juste position » sur tout ce qui risque de passer devant leur terrasse au train d'enfer de la réalité moderne. Chacun d'entre eux est prêt à poser aux côtés des victimes de l'Histoire pour le photographe inconnu. Ainsi, sans bouger de Paris, peut-on être marxiste, antimarxiste, structuraliste, goulagien ou tenant de la marginalité « à temps », c'est-à-dire après coup (la france a découvert Marx très tard, la jeunesse de Paris était « révolutionnaire » au sens du XIXᵉ siècle quand la jeunesse américaine était radicale, les intellectuels étaient structuralistes en mai, maoïstes au moment de Lin Piao, Soljénitsyne fut découvert via U.S.A. alors que l'émigration russe réside à Paris depuis un demi-siècle). L'à-temps de l'Histoire, pour les Français, c'est quand on a fait le tour et le retour de la question ouverte par d'autres. Le ton français, dans la cacophonie des discours mondiaux, c'est celui du commérage, ou du supporter de football, c'est encourager les autres en gardant le droit inaliénable de les juger. Et être révolutionnaire, en france, c'est « prendre position » — comme un piquet de gardes républicains, jamais être en position pour bouger, mais s'installer à une place réservée de l'avant-garde. Le « ton français », de B.H. Lévy à J. Dutourd, l'esprit français de Paul Valéry à Valéry Larbaud, c'est le rire sardonique et satisfait des belles comme des mauvaises consciences, car tout est d'abord question de conscience. C'est la satisfaction d'avoir choisi le revers abrité du monde, là où la vague de l'événement ne vous mouille qu'à peine : le lieu d'où l'on interprète, commente et critique.

Être la bouche des étrangers

Non, cette nation-là ne peut être la mienne. L'impopularité de l'étranger y fit loi dès les Médicis et Mazarin ; son unité s'est scellée dans le sang de l'Autrichienne, dans la folie antifemmes qui a saisi le pays lors de la chasse aux espionnes, en 14-18 ; elle s'est levée contre un Genet amoureux des Allemands, des Arabes ou des révoltes noires, elle a communié en tondant les « collaboratrices ». La détestation française de la femme ou de l'homosexuel s'exprime d'abord par la crainte qu'ils ne soient en communication d'âme avec l'étranger. Par faiblesse ou par traîtrise, ces êtres-là sont susceptibles de participer au grand complot des Autres. La tendresse pour l'étranger est crime d'État en France, toutes les petites haines françaises se résolvent dans cette hantise ; Satan en français c'est Mata-Hari, si étrangère qu'on ne sait plus à qui elle se vendit, présente et suspecte en tout acte de chair ou d'amour. Au pays du libertinage, on est puritain quand il s'agit d'étrangers.

Devenir la bouche des étrangers, leur souffle, leur voix, mais aussi leur oreille et leur œil. Faire que la dure cuirasse nationale ne suffise plus à épargner aux Français la conscience des blessures inguérissables qu'ils infligent quotidiennement, et qui accumulent autour d'eux, chez les natifs d'outre-hexagone, une montagne de rancunes.

L'étranger murmure, mer immense outre-Rhin, outre-Atlantique, outre-Alpes et outre-Pyrénées. Il s'étonne d'une nation qui considère, dès qu'elle peut se retrouver entre soi, comme la plus grave des incriminations politiques d'avoir partie liée à l'étranger. Il prend lentement conscience, à mesure qu'il perd son costume missionnaire, de cet exceptionnel chauvinisme (un mot qui date des conquêtes du Premier Empire). La longue patience des peuples étrangers à l'égard du roquet français a sans doute assez duré. Des signes, réticences ou gênes, l'indiquent. Prêtez un peu d'attention à ce que disent dans leurs idiomes les visiteurs, à ces innombrables détails qui vous ont montré, chez votre interlocuteur d'ailleurs, une impatience de moins en moins dissimulée sous sa courtoisie. La foi en la france craque de toutes parts, un grand mensonge historique s'effondre. Mettez bout à bout les remarques et les plaintes échappées par instants à ceux que le sort a fixés chez nous. N'êtes-vous jamais gênés d'être français ?

Vendu à l'étranger

On ne peut impunément fonder pendant deux siècles sa morale politique, ses idéaux émancipateurs, sa foi en l'avenir sur la dénonciation xénophobe de la cinquième colonne, de l'infiltration ennemie. Les vitupérations contre les rois apatrides, contre les boches, contre les ritals, contre les amerloques, contre les bougnoules, sont le pain béni de la

messe française, la condition de sa popularité. Tout
mouvement politique y doit d'abord désigner quel
étranger il hait — c'est la condition de sa fiabilité.
Rien de drôle comme la façon dont progressistes et
conservateurs se sont envoyé à la tête l'accusation
qui ne se lave que dans le sang : d'être vendu à
l'étranger (supposé toujours acheteur). Droite nationale contre gauche patriote, c'est Maurras qui
dénonce en la Révolution de 89 la main de l'étranger,
et le peuple de Paris poursuivant dans le sang le complot apatride contre la nation. A leur tour, les pro-
Américains de la Libération ont trucidé, ou empri-
sonné, les pro-boches comme Maurras, au nom de
cette même imputation que Vichy déjà renvoyait à De
Gaulle. Et durant la dernière guerre, une partie de
l'extrême droite fut résistante, et beaucoup de « bons
Français » furent vichyssois parce que De Gaulle était
à Londres, chez l'éternel ennemi.

Nationalistes contre patriotes, tout le monde est
bleu-blanc-rouge en france, ce qui n'empêche pas de
collaborer, bien au contraire. Mais seulement avec
les États à trique : le tout est de changer à temps de
bouc émissaire étranger.

Je voudrais parler de l'étranger, « à partir » de
l'étranger, et pas du tout au nom d'une quelconque
notion politique comme l'internationalisme. Le patriotisme, le principe des nationalités, l'Europe des
États, sont à mes yeux autant d'idées françaises.
L'internationalisme patriote n'est pas mon fort : ce
n'est pas qu'il soit ou puisse devenir pareil à moi,
normé dans une nation, « nationné », qui m'attire en
l'étranger, mais bien d'être différent, de faire passer
d'autres influx.

Cet internationalisme de la politique, celui de la
gauche française, qui voulut si longtemps faire des

Algériens des citoyens français, qui n'admet que de
« bonnes » révolutions, est fils de cette révolution
patriote qui se croyait au-dessus des frontières pour
avoir imposé par les armes son modèle politique à
l'Europe. L'internationalisme de la gauche française,
qui ne suppose de rapports qu'entre nations, n'a
jamais pris en considération les vagues d'expulsions
administratives qui balaient notre histoire récente.
Sans doute parce que beaucoup d'expulsés étaient
eux-mêmes en désaccord avec leur nation. L'internationalisme politique réconcilie la patrie française
avec un univers idéalement parallèle au destin national.

Non, c'est l'étranger en tant que tel que je veux
dire, celui qui vous aborde, vous déborde, vous tra-
verse, vous fait sortir de vous-même, qui est incompréhensible et fatal comme le réel ; l'accent étranger,
le style étranger, le goût de l'étranger.

Il ne s'agit pas seulement de faire un « détour » par
l'étranger. Lui nous « rend autre », il est le seul
moyen de redevenir sensible à ce que la francité a
rendu si parfaitement imperceptible : son propre bruit
d'écrasement des différences.

La francité a tissé le plus efficace des camouflages
nationaux. En mettant la culture et le progrès au premier plan des idoles nationalistes, elle a voulu effacer
sa propre trace, magnifier sa xénophobie en la bapti-
sant patriotisme civilisateur. Il y a un solipsisme
national qui permet l'unanimité française sous les dif-
férentes façons de penser la france. On ne peut
« raconter la france », et ceux qui ne vous font pas
taire par la force haussent les épaules et vont répétant que ce n'est pas la peine de le dire, que c'est partout pareil et que tous les peuples sont aveugles sur
eux-mêmes, oubliant, éblouis qu'ils sont par la lumi-

neuse évidence française, que toute nation n'est pas
un vase clos et toute culture un fonctionnariat.

Parler de la france, disent les patriotes raison-
nables, les intellectuels du « c'est pire ailleurs »,
n'est-ce pas faire des généralités ? Tant il est convenu
que tout ce qui fait la francité est universel, l'égoïsme
des peuples, leur amour de la censure, leur haine de
l'extérieur. N'est autorisée en ce domaine qu'une littérature qui « sauve » la france idéale, qui confronte
la france réelle et son devoir-être. Question construc-
tive : comment faire la france plus française ? Question hors jeu : comment disloquer la france ?

Passons en coulisse. Qu'est-ce, au juste, que
l'étranger, vu de france ? Il est des points-limites où
cela se peut deviner. Au dépourvu, bien sûr, non
comme on résout une question de doctrine ; mettez
les Français en situation : à l'étranger, ou face à des
étrangers. Les Français en voyage : ou quand le
typique se fait sordide. L'esprit national ne voit
aucune contradiction entre la proclamation de
l'homme universel et le fait que les pays qu'il visite ne
sont habités que par des idiots de village. Il en fait
même source de comique. Mais le point-limite de cet
écartèlement entre le principe et le fait, là où transparaît une spécificité française qui en dit long sur les
représentations nationales, c'est la rencontre de deux
Français entre eux dans un monde non complice. Les
affinités qui jouent couramment entre personnes de
même langage semblent alors autant de blocages. Ce
qui permet d'appréhender le monde, la culture d'où
chacun tire ses références, devient alors un fardeau
insupportable. Phénomène marginal, mais qui
indique une révolution copernicienne à accomplir
dans le franco-centrisme : les Français à l'étranger
se haïssent entre eux. Et pourtant ils sont condamnés

à se fréquenter. L'exil leur a ouvert les yeux sans leur
permettre de couper les ponts, tant l'imprégnation
française est rétive aux changements de culture.

. Regardez un agglomérat de coopérants, observez
le « milieu » français dans une capitale étrangère, et
vous trouverez confirmé le sentiment que la simple
vue d'un touriste compatriote fait naître en vous.
Méfiance instinctive, comme si chacun savait que,
Français contre Français, hors du plasma national, la
fin de la trêve a sonné. Pas de cadeaux, on a trop peur
d'une complicité réciproquement avilissante. Pourtant les Français de l'étranger sont « accrochés »,
comme à une drogue les uns aux autres, naufragés
qui s'observent avant de s'entre-dévorer. Destruction
réciproque, laminage par le commérage, repliement
haineux sur la damnation d'être français. De se lire
tous les jours méprisé ou incompris dans les yeux
indigènes, d'être à nu et à vif dans l'écroulement des
illusions françaises ne rend pas aimable avec les compagnons d'infortune. Ce que les Français à l'étranger
ne supportent pas, c'est ce moment où le regard du
compatriote devient votre vérité, ses ridicules les
vôtres. Quand l'imperceptibilité française craque, le
spectacle n'est pas joli joli. Chaque Français à un
autre Français, hors france, pèse comme le boulet
lourd de l'assimilation impossible. « Tu mourras
français », chuchote chaque Français à l'oreille de
son interlocuteur dévoilé.

Car la france a du moins cette consolation : elle
dont les avis ne pèsent pas lourd, dont l'influence est
toute théorique, elle sait tenir ses ressortissants en
laisse, si loin d'elle soient-ils. Emprise toute néga-
tive : elle est implantée en chaque Français, cette
inaptitude au mixage, et il ne peut donc s'établir
entre les groupes de l'étranger et la métropole ces

rapports de fécondation réciproque qui alimentent les grands ensembles culturels. Il n'y a pas de franco-étranger, si ce n'est un entremets datant d'une alliance militaire, comme il y a des Anglo-Américains, des Italo-Américains, etc. Les colonies françaises à l'étranger sont, comme les pieds-noirs, des maquettes poussées à l'absurde des manies nationales. Ces Français de l'étranger ne renouvellent pas la france parce qu'ils ne sont pas des médiums entre deux civilisations, mais des ambassadeurs. Ils sont là pour imposer la france à l'étranger, et faute de pouvoir le faire, la miment, aigris, entourés de l'indifférence générale.

Au Français hors frontières, la foule étrangère est un marécage empoisonné où il ne s'avance qu'à regret. Il voit dans tout signe d'amitié une prostitution, dans tout cri une menace. Il est insolent et a peur.

Regardez-les, en groupe, maladroits, les mains dans les poches, au milieu d'une de ces fêtes indigènes qui sont à leurs yeux le comble de l'exotisme. Elle s'écoule autour d'eux sans y prendre garde, la foule du plaisir. Ombres des Champs-Élysées perdues dans l'orgie des langages, des bariolages, des musiques où le monde entier s'abandonne, ils ne peuvent s'y associer que du bout des lèvres, eux que les coercitions et les corsets ont à jamais gourmés.

On a le cœur serré d'avoir de tels compatriotes, dans un monde composé de cocktails et de zarzuelas ; on trouve des charmes limités au pot-au-feu offert par le Club Méditerranée sous les tropiques, quand le shaker de peuples nommé New York vous offre ses mixtures. Les Français sont absents de la fête. La vue de leurs compatriotes exportés, loin de les introduire au mouvement universel, est un rappel à la maison et

une désillusion. D'autres peuples, exilés, s'entrai-
dent, se savent au cours d'une longue marche vers
autre chose, une autre nation peut-être. Le petit
Napolitain à New York saura toujours trouver un
relais. Mais parce qu'il s'agit alors, plus que d'un
voyage, d'une mue vers une autre identité. Le Français, dans l'autre Français, ne relaie que le même.
Vrai supplice chinois, piétinement sur place. Nous
sommes toujours « trop français » pour nous-mêmes
à l'étranger ; et chacun craint l'alourdissement de son
fragile esquif par des compatriotes encore moins au
courant. Chaque Français vivant à l'étranger
reproche à son compatriote d'exister, de « donner
prise » sur lui-même par sa simple présence. Il n'y a
place que pour un Français à la fois, puisque chacun
d'entre eux est le modèle réduit de la francité. Et
puisqu'être français, c'est ne pouvoir appartenir à
deux mondes, encore mieux vaut-il rester seul.

Mais si tous ont ce sentiment, peu ont le courage
d'en tirer les conséquences. Les sociétés de Français
à l'étranger, condamnées au coudoyage de rancœurs,
jouent comme révélateurs de ce que cache le cocon
métropolitain. Elles font sentir que la francité est un
lieu de détention, et les autres Français des codéte-
nus. Français, on est toujours près d'un autre Français, trop loin d'un étranger. Tendu à la limite de la
rupture, le rapport Français-étranger frôle sans arrêt
le néant par manque de densité, le rapport entre
Français et Français frôle la catastrophe par excès
de poids signifiant.

A la surtension des liens qui unissent les Français
dans leur étouffant patriotisme répond en france l'extrême ténuité, l'absolue précarité du statut du « visiteur » étranger, fût-il là depuis vingt ans. A peine
existe-t-il : s'il se rappelle à l'attention, on est gêné

pour lui. Il faut faire un effort pour le comprendre, il est un « trou noir » dans l'espace national, une fuite de signification.

Sur l'étranger en france, les Français se vengent sans pitié de leur propre incapacité à s'insérer au pays étranger. En deçà même de la vengeance : l'étranger, ils préfèrent l'ignorer pour ne pas avoir à se souvenir qu'il existe un en-dehors, auquel ne s'attache guère que la mémoire des expériences malheureuses. Quand l'étranger est un horizon à peine distingué, celui qui en provient est toujours suspect d'irréalité, doit confirmer sa présence pour qu'on prenne garde à lui.

Mieux ferait-il de se taire, d'ailleurs, si son teint ou son costume ne l'ont pas encore dénoncé. Un étranger dans un lieu public, en france, c'est toujours une manière de scandale. Dans une citadelle assiégée, gare à l'assiégeant infiltré et reconnu !

Allons, même nos plus sourds compatriotes ont entendu filtrer quelque chose de ce qui court sur leur compte : demander son chemin, acheter un paquet de cigarettes, emprunter les transports en commun est pour l'étranger en france un véritable calvaire. A tout hasard, les visages se ferment, le contrôleur se fait plus revêche, le barman double les prix. L'entrée de l'étranger dans un café est une cruelle comédie où tous les consommateurs sont de connivence. Pour peu que le zombi ne parle que ces inconséquents patois qui désolent le monde extra-hexognal, chaque interlocuteur se transforme en instituteur face à un écolier sournois. En plus d'être inutile, l'étranger insulte alors à la suprématie linguisitique. Il manifeste, théologiquement, une faute contre la vérité, une méconnaissance du langage révélé qui ne peut tenir qu'à la malveillance. Merleau-Ponty le disait magnifique-

ment dans *Signes* : l'étranger, en france, c'est celui
qui fait semblant de mal ou de ne pas parler français.

En france, l'étranger ne peut jamais être simplement « là ». Retrouvailles inconscientes avec les comités de surveillance révolutionnaire ? Si l'on s'aperçoit
de sa présence, il doit aussitôt la justifier. Mais peut-
être, si les Français avaient la moindre idée de ce qui
se dit derrière leur dos, de ce qu'on pense d'eux à
Barcelone, Milan ou Londres, pour prendre des voisins immédiats, peut-être seraient-ils plus prudents, à
défaut d'être plus aimables. Il est vrai qu'on en a pris
son parti, chez les Italiens, les Catalans et les
Anglais, de ces voisins sans voisinage, acariâtres, de
ce désert de l'amitié, où l'on ne tente plus que de
rapides incursions. Du coup, la francité à usage des
pays étrangers s'est réduite comme une peau de chagrin, et que ramener d'autre de france qu'une boîte de
foie gras et une bouteille de parfum, ou, comme un
ami de Barcelone, un tube d'une vaseline introuvable
en Espagne et le dernier numéro de *Tel Quel* ?

Volets fermés

Il y a une force indiscutable de ce paralogisme fondateur : ce qui est ainsi chez les Français est pareil
ailleurs. Un sophisme de base permet de refuser les
étiquettes de xénophobe ou de raciste : c'est partout
pareil — entendez pareil qu'en france. Ce sur quoi le
Français ne peut réfléchir, car c'est une des structu-
res *a priori* de son champ de conscience, c'est que
dire « pareil » l'étranger, c'est le nier comme étranger :

c'est le mettre « en trop » puisqu'il ne peut rien apporter ; l'étranger pour le Français n'est phénoménologiquement qu'un faux Français, un mauvais Français qui refuse la france, car l'étranger ne se conçoit bien qu'à l'étranger. Sorti de là, il devient l'improbable énigme des parallèles qui se rejoignent : comment un étranger peut-il être en france puisque je ne suis pas à l'étranger ? se dit chaque Œdipe français. Si tout est parallèle, les vices et les vertus des nations en particulier, les étrangers sont certes à l'infini des « comme français ». Mais vus de près, autre absolu d'une nationalité extravasée, l'étranger à l'étranger de son propre pays et *a fortiori* en france est une pénible énigme ; un extravagant dangereux puisque équivoque, la preuve vivante que les parallèles se croisent.

L'Anglais, pour « étranger », dispose de « stranger » et de « foreigner ». Le Français n'a qu'un mot pour désigner tout l'étrange. Les étrangers se confondent, toutes les sous-déterminations à l'intérieur du concept d'étranger s'effacent, car il y a entre les étrangers aussi peu de différence qu'entre les sous-groupes d'une même race. De plus, tous les étrangers hors de l'étranger sont des vagabonds, comme l'indique le sens premier d'étranger, et non plus des citoyens d'ailleurs.

Tous les peuples du monde se ressemblent en ce qu'ils ne sont pas français, et tout ce qui n'est pas d'ici tout en étant ici est pur vagabondage et chapardage. L'élévation du patriotisme de clocher, la transmutation de l'égoïsme villageois à l'échelle d'un sentiment national, sont à l'origine d'une confusion linguistique qui n'a pas cessé depuis la Révolution française. Il n'y a nulle affinité entre la france et aucun peuple au monde parce que l'au-delà des fron-

tières a acquis toutes les qualités de l'au-delà du village, la limite de toute parenté possible.

Fermez vos volets, voilà l'étranger qui passe. La
nationalité française s'est faite par agrégation de
refus provincialistes portés au degré d'ébullition de
l'exclusive nationale. La grande habileté de l'État
français depuis la Première République est d'avoir su
réaliser et implanter la communauté du refus — d'un
grand refus de tout ce qui bouge, de l'étranger au village à l'étranger de nation. De la pierre jetée au che-
mineau au tutoiement de l'Arabe qui travaille au bord
de la route, 89 a fait du chemin. Il a réalisé l'accession
de la répulsion villageoise à l'état d'hypostase du sentiment national français (ajoutez-y le fonctionnariat
et la culture, vous avez la trinité complète).

Un étranger, ou un errant, ce ne peut donc jamais
être un Français ailleurs, puisque, si tous ne se
connaissent, il existe néanmoins un nombre très
limité de variables admises. Le Français ne peut être
errant, c'est tout qui erre autour de lui. Les Français
ayant élargi le chez-soi familial ou villageois à la
taille de l'hexagone savent d'instinct que *stranger* et
foreigner, c'est même ennemi.

Usage de faux

La france s'est faite arc-boutée contre le courant,
elle ne s'est bâtie que par accumulation de rejets. La
volonté de régenter la langue, qui est une des plus
anciennes charges d'État françaises, n'est qu'un ins-
trument de guerre contre l'étranger. Le but de ces
purges linguistiques régulièrement répétées au cours

des siècles ? Empêcher l'infiltration étrangère dans le vocabulaire, insertion insidieuse, qu'il faut saisir au vol avant qu'elle ne se fonde dans la foule, un crime impuni de plus. Car il n'y a hélas pas de douane des mots. Cet exercice typiquement français, aussi efficace que l'épuisement de la mer avec un compte-gouttes, qui consiste à organiser de temps à autre de grandes rafles de mots jugés indésirables et à les mettre à la porte comme antinationaux, constitue sans doute avec le tiercé la distraction culturelle la plus appréciée. L'expulsion de mots métèques se pratique dans les familles les plus modestes comme les plus aisées. Tous les journaux y consacrent une rubrique, et tous les professeurs inondent les médias de lettres à ce sujet. La querelle des « vocables importés », comme on dit, si elle n'arrive bien sûr pas à « purifier » la langue, entretient du moins une mentalité gendarmesque du plus bel effet.

Le mot-errant, le mot trop bref, trop commode et trop équivoque, c'est le mauvais mot. Il a en général l'air fourbe et pressé, il se glisse dans une publicité, une conversation téléphonique. Mais la garde des spécialistes, des ministres et des académiciens veille, et si elle meurt trouve des successeurs. Le bon mot, c'est celui dont on peut au moins s'imaginer qu'il est du terroir. Et cette garde française, qui pousse des cris d'orfraie parce que quelques éclaboussures de la bouillonnante marmite mondiale ont sauté jusqu'à elle, n'est pas faite que de chaisières et de flics : non, du *Monde* à Etiemble, en passant par tous les écrivains français de gauche comme de droite, qui s'y enrôlent tous à un moment ou à un autre, elle regroupe les forces vivantes de la culture française. Et il en est ainsi depuis les origines. Depuis la Renaissance, dernier moment où le vocabulaire français s'ente faci-

lement, dernier épanouissement conscient de la
richesse linguistique, brève « cent fleurs » qui
s'achève sur la guerre lancée par Estienne contre le
« francitalien ». Guerre en tout point comparable à
celle, contemporaine, contre le franglais : perdue
d'avance (des deux cents mots relevés par Estienne
comme « italianismes », la plupart sont « entrés dans
la langue », et il suffit qu'on relève un mot de franglais pour qu'il fasse fortune), elle entretient la forme
de troupes dont l'humeur est digne de Cyrano [1]. Elle
donne au moins l'illusion que flotte au-dessus du territoire national un « territoire linguistique » bien déli-
mitable ; la peur mercantiliste d'importer plus d'or-
vocabulaire qu'on n'en exporte (mais qui ira, et où,
dans les affaires linguistiques du monde, vérifier les
titres des emprunts ?), paralyse la langue du peuple
français. Il ne faut pas dire le mot étranger, parce
que peut-être on devient étranger à ce moment-là. Il y
a en france une pédanterie populaire, un amour des
étymologies qui accompagne la dénonciation du
vocable infiltré. Il ne faut pas employer le mot étranger, parce qu'on devient complice des faux-
monnayeurs linguistiques d'au-delà des frontières
(au-delà des frontières, il n'y a que de fausses
langues).

Une fois de plus, les Français sont myopes, et de
nombreux mots se débrouillent pour passer le bar-
rage. Mais la façon dont on se raconte et dont on vit
la généalogie de la langue connote la manière dont
on use de l'étranger linguistique.

Dire le mot étranger, c'est risquer de devenir
étranger soi-même, aussi ne saurait-on être trop pru-

---

1. Non, non, c'est bien plus beau lorsque c'est inutile.

dent : de là les innombrables masques, contresens, fausses prononciations ou « francisations » diverses qui entourent le mot étranger. Vous connaissez tous l'étymologie de « Vasistas ». La drôlerie de l'anec- dote, chère à tous les potaches français, est précisé- ment l'usage que fait le français d'un ramassis incohé- rent de syllabes tonitruantes. Ce qui est comique, c'est le mépris pour l'allemand, au lieu de lui répondre, on lui renvoie sa question, « au pied de la lettre ». L'alle- mand ne se « traduit » pas, il est incapable de nom- mer, ou il nomme à contresens. N'importe quel mot allemand en vaut un autre. Les Français évitent le contact des mots étrangers « connus », ceux qu'ils identifient comme tels, ou les modifient inconsciem- ment. Le Français se fait à travers ces approxima- tions un étranger sur mesure, rendu inoffensif par détachement radical de sa langue et de son système de communication, simple vaccin contre la contagion. Il existe des prononciations spécifiquement fran- çaises de mots étrangers, qui ont ceci de particulier qu'elles sont aux yeux des Français certifiées d'ori- gine. Non pas « francisation » consciente, mais reconstitution d'un étranger à merci, plus vrai que le vrai.

Il y a deux traitements du nom étranger en france : celui de la concierge qui fait exprès d'écorcher un nom musulman, et celui de l'homme cultivé qui pro- nonce « passio » pour patio, persuadé d'être plus espagnol que nature. Il suffit qu'une prononciation « fasse étranger » à l'oreille française.

L'inclusion de l'étranger en français se fait à regret. Toutes les langues déforment plus ou moins les mots étrangers qu'elles adoptent. Mais dans aucune le fossé n'est aussi total, le contresens aussi systématique et endurci qu'en français, la représen-

tation de l'étranger aussi arbitraire. Pour un Français, Munchen s'appelle Munich et London Londres.
Ce sont là leurs vrais vrais noms, et non simplement
des transcriptions. Latine, la france ? Les Espagnols
et les Italiens prononcent mieux l'anglais et l'allemand que les Français. Ne parlons pas de l'arabe.
Mais quelle que soit, dans les rares moments où elle
ne donne pas lieu à censure, l'extranéité d'un mot
pour la langue française, cette extranéité elle-même
doit se soumettre aux règles d'expression nationale.
En plus du contresens, speaker fait speakerine (le mot
est bien sûr à la fois masculin et féminin en anglais).
Mais voilà : c'est qu'il leur manque quelque chose à
ces gens-là, l'expression de la différence des sexes.
Speakerine est le « vrai » féminin de speaker, mot
dont le « vrai » sens est « présentateur de radio ou
T.V. ». Alors éclate cette question hilarante du touriste français éberlué : comment dites-vous *speaker*,
en anglais ?

Je crains de laisser croire qu'il n'y a dans ces
manifestations de la langue que des emplois fautifs,
des manques de culture (française d'abord, étrangère
ensuite). C'est le compost des langues que la décomposition et le pourrissement des mots. Mais c'est le
génie de la langue française, sa logique intrinsèque,
de couper les mots importés de leur contexte, de
faire de leur système d'emprunt une barricade
hérissée des têtes des mots étrangers décapités. Ce
n'est pas l'emprunt qui gêne, mais sa pauvreté et
l'impérialisme qu'elle révèle. Considérez l'étranger
qu'ont fabriqué en France les « gens de culture » :
tous les écrivains français s'adonnent un jour au
journal de voyage, genre subséquent au tour du
monde sans quitter ma chambre. Voyager sans
rien quitter du tout : c'est la force de Roussel, résu-

mant trois siècles de voyages littéraires à la française, de s'être écrié en vue des côtes indiennes : « C'est ça, l'Inde ? Retournons. »

Un journal de voyage à la française ne vaut que par le subtil agencement des mots, la finesse du parleur ; la pauvre matière du pays représenté est magnifiée, papier à fleurs de la chambre d'hôtel compris, par la présence de la langue française descendue incognito dans le bouge du monde. C'est bien un peu la princesse petit pois : les moustiques piquent, les costumes sont bizarres, les petits déjeuners trop abondants, l'argent est roi, la culture est ignorée. Tout cela n'est que prétexte à style. Gide, descendant le Tchad, son amant mourant à ses côtés, note dans son journal : « Ce soir il est au plus mal. Très joli coucher de soleil. » Persuadé sans doute d'avoir fait un joli mot. Les chromos d'Orient et d'Occident, les Chateaubriand, les Stendhal, les Duhamel, les Gide, et les autres spécialistes du mot fin sur l'étranger sont autant de voyages dans la bibliothèque imaginaire. L'auteur, encore lui, n'est pas le médium du pays, grave illusion et notable vulgarité que les théoriciens littéraires dénonceront, mais un héros poursuivant une tradition où d'autres se sont illustrés, et qu'il s'agit d'égaler ou de dépasser ; il doit contourner le plus spirituellement possible la même embûche : que de l'étranger, il n'y a rien à dire. Cela ne l'empêche pas de prendre parti, de décider avec le culot parisien de la grandeur et de la petitesse des pays, de la beauté des chutes d'eau, des monuments et des destins politiques. Mais la comparaison entre pays, exercice où il excelle, n'est pour le voyageur littéraire qu'un prétexte à comparaison entre ce que lui et son prédécesseur français ont tiré des mêmes lieux. Moins que les paysages (notion déjà

toute française du « point de vue ») ce sont les impres-
sions de l'écrivain précédent qui font toile de fond.

L'étranger ne se prend pas à bras-le-corps, mais
avec des pincettes, comme le sucre. Il se débite en
petits morceaux d'étranger littérarisé qui sont les
livres du rayon « voyages » dans la biliothèque de la
france. Ainsi préparé, l'étranger se consomme en
petites quantités pour assaisonner les desserts de
l'esprit. Alors, les « découvreurs français » de l'étranger, ce sont Madame de Staël, l'enthousiaste germa-
nophile qui ne parlait pas allemand ; ou ce Taine, qui,
selon Zeldin, « plus que tout autre créa l'image que se
faisaient les Français de l'Angleterre entre 1870 et
1939 », et qui n'avait jamais mis les pieds en Grande-
Bretagne avant d'avoir fini son énorme *Histoire de la
littérature anglaise*. Et qui bien sûr ne parlait pas
anglais. Ceux-là du moins ont la prétention d'éclairer
leurs compatriotes sur les grandeurs étrangères ! On
présumera du reste de l'élite. L'étranger ne se perçoit
bien que par procuration, par auteur français interposé. Nous héritons tous des figures imposées par les
écrivains du pullman : l'Italien de Valéry Larbaud,
les Américains de Tocqueville ou de Duhamel, les
Allemands de Madame de Staël et de Giraudoux, les
Anglais de Daninos ; peuples sur commande exécutés
par de bons artisans surtout préoccupés de style, ils
sont les créatures livresques de l'étranger français.
Car l'étranger pour un Français qui voyage, se parcourt comme du déjà lu, à « livre ouvert ».

Compulsion d'expulsion

Par ailleurs, à l'amateur d'étrangers (comme on est amateur de femmes ou de cigares), la france offre une base arrière assurée. L'étranger dégusté à petits coups *in situ* est gibier d'expulsion en France. Cette irrésistible compulsion de rejet, ce réflexe de l'expulsion administrative passe pour assez naturel, même aux yeux des cultivés, pour fonctionner tous les jours sans complexes. Il est un peu facile de n'y voir que la responsabilité de ministres-policiers, de Marcellin ou de Bonnet. La tradition expulsioniste remonte à la République, dont ils sont bons serviteurs. A un moment ou à un autre, une force politique française, quelle que soit sa couleur, demande la fermeté contre les infiltrations. Les centaines, les milliers de non-nationaux interpellés chaque année, séquestrés à Arenc, ne représentent pas grand-chose dans la politique française (quelques courageux comités de soutien exceptés, qui recrutent plus dans l'œcuménisme et Amnesty International que dans la gauche du cru). Au fond de lui-même, tout homme de la gauche française ne peut condamner les expulsions, auxquelles il aurait recours et qui héritent de la grande tradition de vigilance républicaine. C'est un mal inévitable, hausseront-ils les épaules.

Cette plaie-là que la france porte depuis longtemps à son flanc, elle ne la sent plus. Tout au plus se gratte-t-elle un instant, dérangée par un Croissant ou un Bellavita. Mais la tradition d'expulsions et d'ex-traditions, qui commence à peser un poids historique, constitue avec le droit d'asile une émulsion stable, une mayonnaise bien française. Car il ne s'agit pas

que de la mise à la porte d'exilés remuants, mais
d'une occupation policière quotidienne, d'un vice de
naissance de la francité moderne. Beaucoup de pays
ont établi leur équilibre sur un contrôle fragile des
entrées et des sorties de population ; mais aucun peut-
être ne s'est pensé dès l'origine de la conscience politique de masse comme en devoir continuel d'expulsion. Cette menace permanente n'est pas vaine : elle
encercle l'étranger dans son extraénité, elle l'y
« boucle ». La france n'a jamais consciemment inté-
gré aucune minorité étrangère : elle s'est faite sur
leur reconduction aux frontières (naturelles).

L'expulsionisme français n'est donc pas marginal,
ne se limite pas à une réaction provisoire. Les peuples
qu'il vise changent, pas le principe. Nous expulsons
constitutionnellement, si j'ose dire, et aussi discrète-
ment qu'on chie.

Faites ce que je dis, ne faites pas ce que je fais. Au
pays des libertés, le sport administratif de la reconduction aux frontières est ouvert toute l'année. A
croire que ce fameux droit d'asile est un appeau, un
miroir aux alouettes. Venez ici qu'on vous en chasse,
ou qu'on vous règle votre compte. Le piège fonctionne
parfois : souvenez-vous de Ben Barka. Le député
U.D.F. Jean-Pierre Bloch écrit : « Les étrangers en
situation irrégulière, sans permis de séjour ni carte
de travail, qui vivent du proxénétisme, des jeux illé-
gaux..., doivent être expulsés sans faiblesse. La
France, qui compte plus de quatre millions d'étrangers, et dont la réputation de terre d'asile n'est plus à
faire depuis l'avènement de la république, n'a pas de
complexe à avoir à cet égard. ... Harlem n'existera
pas à Paris » (*Le Monde*, 26 juillet 1978). Il n'y a
plus qu'à tirer la chasse. Comment la france, qui
compte plutôt moins d'étrangers que les nations com-

parables, a-t-elle pu se faire une réputation de terre
d'asile ? C'est qu'elle a sur le laxisme général, où un
étranger d'hier est un compatriote d'ailleurs ou de
demain, l'avantage d'un sentiment de ségrégation
absolue : on ne peut « confondre » du français avec de
l'étranger, et faire de l'un avec l'autre est une très
rare alchimie, une opération chirurgicale difficile
dont les suites sont longues à effacer. La résignation
à la politique d'expulsion est la résignation à l'inexo-
rabilité des faits : au-delà d'un certain taux, la population devient raciste. Parce qu'elle ne l'était pas
avant : elle était simplement convaincue qu'elle le
deviendrait si l'étranger n'était plus révocable à
merci car alors il n'y aurait plus de Français, même
pour protester contre les expulsions.

Le tout est de bien définir l'étranger, par cette qualité éminente qu'il possède de pouvoir être renvoyé
chez lui, même s'il n'en a pas, de chez lui. Une fois la
séparation faite, on peut toujours éprouver de la sympathie pour ces toutous perdus. Caprice de la mode,
jeu d'un instant, la sympathie pour l'étranger est à
tout moment révocable.

Tradition de l'accueil : quelle triste rengaine !
Quand ça n'est pas la tradition du coup de pied au
cul, la plus solidement attestée, il n'en reste que les
formes de l'acceptation superficielle, à la française.
Tradition de l'accueil comme tradition de la table,
accueillir, comme hôtesse, infirmière ou maîtresse de
maison. On n'accueille bien que ce qu'on a d'abord
réduit au rôle de malade ou d'invité. Ne jamais donner, se donner, se mêler. Ne jamais « aller à ». Rester
debout sur le seuil et tendre le bout des doigts. C'est
vous, l'étranger ? Eh bien continuez.

L'étranger est un épice un peu fort, la cuisine
française n'en utilise que très peu à la fois. Quelques

Arabes dans le décor, un car de touristes japonais, un chauffeur de taxi russe blanc — c'est bien suffisant.

En attendant, la france accouche quotidiennement de cette forme imparable du fascisme, celle qui consiste à mettre hors-monde, en delà ou en deçà de tout jugement rationnel possible, la différence qu'établit le triage natif-étranger. Pas du racisme, puisqu'il est tout à fait admis d'être d'une autre race — mais dans un autre pays. L'évidence de la séparation français-étranger ne suppose pas d'injustice, une malchance tout au plus. Pour eux. Quant à l'idée que tout national se fait avec de l'étranger, elle est insoutenable en français.

Et puisque je suis presque au bout de ce livre, qu'il serve au moins à rappeler que nous vivons dans le plus discret des camps : antichambre de la mort pour les exilés reconduits dans leur pays [1], surveillance de tous les instants pour ceux qui furent contraints de s'y réfugier ; un camp dans lequel il y a cinquante millions de Kapos.

La police dans le métro, la barbarie administrative, elles n'ont pas été inventées pour nous, citoyens de la République des expulseurs. Nous n'en subissons que les conséquences, de l'immense machine à faire le tri. On ne nous contrôle qu'avec l'espoir de nous prendre en flagrant délit d'être étranger.

J'ai commencé à écrire tout ceci parce que demain, un ami, un inconnu, un exilé peuvent être détenus, transférés, extradés simplement parce qu'ils sont « étrangers ».

Et que moi, du moins, on ne peut pas m'expulser.

---

1. Ce fut le cas d'Omar Diop Blondin. reconduit et exécuté au Sénégal.

Absents de la fête

Beaucoup de gens dont j'étais proche sont partis à l'étranger dans les années qui suivirent mai 68. Quelques-uns souffrent de ne pouvoir le faire, car le malheur d'être français, c'est qu'on nous a rendu si difficile et douloureux l'arrachement à notre servitude. L'exil sonne comme un glas pour le Français, l'émigration comme un décès. Apparemment, je ne suis pas (encore?) parti. Il faut dire que, sorti peut-être un peu plus souvent que la moyenne de notre pourrissoir national, j'ai constaté que la clôture que la francité a cru placer autour de l'étranger, mais où elle s'est elle-même enfermée, n'est pas facile à briser. La marâtre patrie vous poursuit, et pour lui échapper il ne suffit pas de prendre l'avion ou le bateau, même si c'est indispensable.

La france a du moins les moyens de vous faire souffrir à l'étranger, jeune homme.

J'ai parfois essayé de me faire passer pour italien ou espagnol. Encore cela ne pouvait-il ne faire illusion que sur des Hollandais ou des Allemands. Nos mensonges, à nous autres Français, ne sont guère convaincants. Sur quelles doubles ou triples mémoires, comme ces peuples fiers de leurs métissages, nous appuierions-nous? Le chemin de la communication la plus immédiate, la plus populaire avec l'étranger nous est coupé. Nous ne parlons pas, nous ne bougeons pas, nous ne chantons pas. A l'heure où les peuples se parlent d'abord par leurs musiques, la chanson française ne crée que de minables tubes inexportables; sur les lèvres du monde, ça n'est plus jamais une chanson française qui se fredonne : et

cette élémentaire tendresse en retour qui vous fait
fêter d'un air à l'étranger, nous ne la connaîtrons
plus.

La nullité des « variétés » françaises, voyez les ita-
liennes ou anglaises, est plus qu'une déficience de
civilisation. Elle est la preuve de sa catatonie. Une
civilisation que ne rythme pas la chanson ne se parle
plus qu'à elle-même. Malade d'arythmie, la france,
depuis la mort de Piaf, se resserre un peu tous les
jours. Notre dernière grande figure musicale devait
sans doute trop à un archétype que le puritanisme
croissant de ce peuple a fini par éliminer. Cet archétype, le seul sans doute par lequel passait à l'étranger
un peu de francité, c'était celui de la putain française,
dénationalisée enfin de s'être à tant de peuples
offerte. Réconfortante revanche sur la pucelle nationale.

On se touche d'abord par la musique — pas la
Grande Musique, mais la musique d'une chanteuse,
d'un groupe, d'une danse. Mais nous n'avons ni Kal-
soum ni Dylan.

Toutes les grandes émotions populaires passent
maintenant loin de nous. Nous sommes les vilains
petits cygnes aphones de jardin public, au milieu de
couvées innombrables de canards migrateurs. On
hésite à nous aimer — quand je dis « aimer », je veux
dire le plein sens : draguer, partager une musique,
faire l'amour avec l'étranger sont l'expérience naturelle du romantisme populaire. Cela, la sagesse de
nos gouvernants et les prudes académies nous en ont
sevrés. En souffrons-nous seulement ? A peine
l'avouons-nous : immobiles au milieu du tumulte festif
cosmopolite, nous attendons pour ironiser sur notre
propre détresse la rencontre d'un compatriote de
malheur. Oui, malheur au peuple le moins spontané

de la terre, malheur à celui par lequel le scandale n'arrive jamais.

Non, les Français ne savent pas faire l'amour aux étrangers, car l'amour à la française, la cuisine « stendhalienne » où la cristallisation est devenue hystérie d'interprétation, est par essence impartageable. Elle ne se repaît que du miroir où elle retrouve son image, et cet amour-là est désailé à l'extérieur de son code. Nous sommes coupés de l'étranger par la monstrueuse machine psychologique que nous avons monté autour de l'amour. Nous ne ferons jamais métissage parce que nous n'aimons que nous-mêmes. Et nous mourrons vierges, inutiles et désertés.

Envoi

La discrétion de la france, de la culture française, sur les moyens de sa propre prorogation, sur l'unité profonde qu'il y a entre les petits maîtres du xviiie siècle, les doctrinaires du xixe siècle, les surréalistes, les structuralistes ou les nouveaux philosophes au xxe, Louis XIV et Napoléon, Richelieu et Alain, rend périlleuse la mise au jour des filiations. La France n'est pas une vérité bonne à dire.

Je n'avais pas formé ce projet : si la france m'est tombée sous le stylo, c'est par un enchaînement de hasards — ou une obscure nécessité. En temps ordinaire, comme tout le monde, je pardonne bien volontiers à la france la bouffissure de la culture parisienne, l'État maître de la vie sociale. Et l'expulsionite anti-étrangère peut longtemps passer pour un accident de parcours.

Je voulais donc, suivant l'habitude, écrire un livre sur ce qui, au sein d'une culture que j'acceptais plus ou moins comme naturelle, me paraissait particulièrement odieux : des habitudes conceptuelles, l'esprit de ségrégation, la volonté de clarifier le réel avant de l'appréhender, l'impératif fonctionnaire.

J'ai bien dû admettre et systématiser ce qui éclatait à chaque ligne : au-delà, ou en-dessous, de ces mani-

festations conceptuelles, il y avait un système simple
et subtil, tout à fait matériel, le système france.

Tout matériel : il n'y avait pas besoin de chercher si
loin que les concepts organisateurs de grandes philo-
sophies modernes. La france est le substrat de la plupart des grandes structurations répressives relevées
par ses propres philosophes. Où s'enracinent l'arbre,
la généalogie hiérarchique, l'individuation anti-
productive qui donnent des cauchemars à Deleuze ?
Démontez le pouvoir médical et disciplinaire
moderne, comme Foucault, et vous trouverez dans
l'histoire française ses inventeurs privilégiés. Même,
ce que Glucksmann apporte, c'est plus une critique de
l'« intellectuel de gauche » à la française qu'une
découverte du goulag. Paranoïaque, disciplinaire,
étatique, le carcan français se fait sentir à chaque
moment mais échappe à la critique, puisque la france
n'est pas un concept ni une idéologie ; elle est « hors
jeu », elle se soustrait à l'analyse, et cette capacité à
se dissimuler à son propre corps d'intellectuels (créés
il est vrai afin d'être bernés) est unique au monde.
Trop proche pour qu'il ne soit pas vulgaire de la criti-
quer, trop lointaine pour être reconnue comme concept efficace, la francité est au moins passé
maître ès l'art de se dérober.

Pourtant, il existe, dit-on, un masochisme français.
Nous sommes convaincus que personne ne pourra
jamais penser plus de mal de nous-mêmes que nous le
faisons. Cela nous épargne la peine de l'exprimer.

Si les Français sont masochistes, c'est que la
france est sadique — mais ça n'autorise personne
d'autre à se mêler au couple infernal. C'est ce cercle-
là que j'ai voulu rompre ; mais j'aurais préféré en
écrire un livre drôle. Est-ce ma faute si le ciel s'est
peu à peu assombri ? Les Français ont trop l'habitude

d'un étranger pour rire, celui des *Lettres persanes,* où l'esprit français, à la fois sujet et objet, se sent maître de l'univers. J'ai espéré que, clamés avec assez de violence, mes propos resteraient en travers de la gorge française. Ce pays-ci vous contraint au sérieux.

J'ai bien peur d'avoir à plus d'un moment laissé percer l'oreille, sinon la tête entière. Je ne suis pas « hors france », cela ne se voit que trop. Je subis les affres de l'aporie française ; ou bien vous êtes à l'extérieur, et rien de ce que vous dites ne nous concerne ; ou bien vous êtes à l'intérieur, et ce que vous dites est bien français. N'empêche : même si la sagesse, la décence, le sentiment de l'utilité parlent contre moi, il n'y a aucune raison que je laisse la france à elle-même. Elle occupe un territoire matériel et pensé, elle domine un peuple, elle bloque un morceau d'univers. Elle est un obstacle sur le passage. Soyons au moins, faute de devenir étrangers, les cancers de la france. Il importe à notre salut qu'elle éclate, se disperse ou se volatilise.

Certains diront : se révolter contre la france, c'est graffiter les parois de sa cellule ; car la france, sinon éternelle, est du moins perpétuelle, comme certaines détentions. Peut-être sous-estiment-ils la puissance du reniement, de l'abjuration. Il y a au moins une force qui fait peur à la france, et c'est celle du renégat.

Regardez dehors : l'air est vif, le vent pousse les nuages, les tourbillons soulèvent la poussière du monde. Peut-être réussirons-nous à dégoûter quelques jeunes gens de la pénitence française.

PARIS, septembre 1978.

Table

Aubin Imprimeur

LIGUGÉ, POITIERS

Achevé d'imprimer en octobre 1988
N° d'édition 2157 / N° d'impression L 28930
Dépôt légal, octobre 1988

Imprimé en France